글틀영어

입문편

지만수 지음

우리말과 함께 배우는 초등영어!
가장 쉬운 영어 입문서!

도서출판 글틀

글틀영어 입문편

초판 1쇄 발행	2021. 6. 29.
초판 2쇄 발행	2021. 12. 7.
중판 1쇄 발행	2025. 4. 19.
지 은 이	지만수
펴 낸 이	김진선
펴 낸 곳	도서출판 글틀
	서울특별시 양천구 목동중앙남로1길 17-7
	전화 070-8225-3207, 010-7942-3207
	e-mail mansu789@daum.net
편집·디자인	(주)보림에스앤피
정 가	29,000원

ⓒ 지만수, 2021
ISBN 979-11-974409-1-5 63740

이 책은 저작권법에 따라 보호받는 저작물이므로 무단 전제와 무단 복제는 물론 여기에서 제시하는 기본 원리의 무단 전용 변용도 금합니다.

수많은 사람들이 떠나는 잉글리시로의 기나긴 여행

95%는 걷다가 중도 포기

1%는 걸어서 도착

3%는 자동차로 도착

하지만 어떤 1%는 비행기로 도착합니다.

가장 빠른 1%의 숨겨진 영어 정복의 비결!

글틀영어에서 그 비결을 알려드립니다.

인생 최고의 만남 중 하나!

글틀영어와 만나보세요!

글틀영어 학습 단계

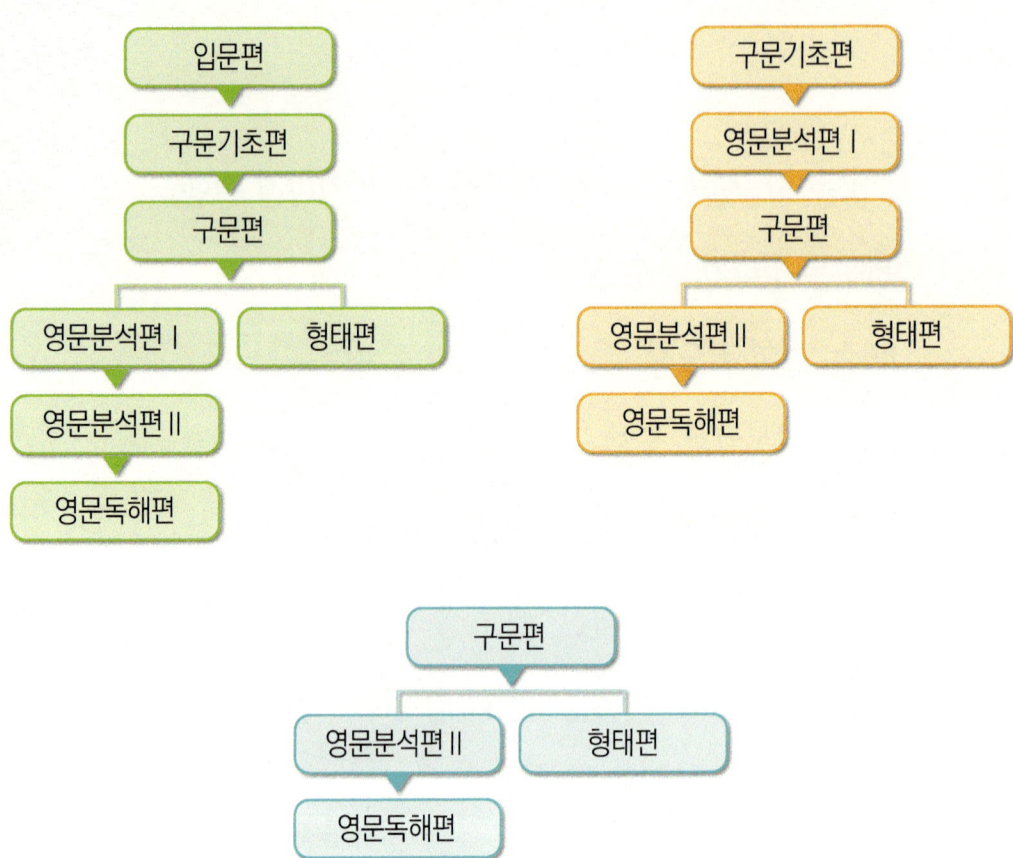

　영어에 처음 입문하는 사람은 글틀영어 입문편부터 공부하면 되고, 알파벳이나 발음, be 동사 등 가장 기초적인 것들을 익힌 사람은 구문기초편부터 공부하면 된다. 영어의 기초 실력이 있는 사람은 구문편부터 공부하면 될 것이다.
　필히 구문편을 먼저 공부한 다음 영문분석편, 영문독해편을 공부해야 제대로 이해할 수 있다. 형태편은 영문분석편, 영문독해편을 보면서 틈틈이 병행해서 공부해도 되고 필요할 때 따로 해도 상관없다.

글틀영어 시리즈

1) 글틀영어 입문편

입문편은 영어를 읽고 쓰는 학습 단계로 들어가는 가장 초보적인 단계이다. 우리말과 영어를 비교·분석하여 영어 문장을 쓰는 방법을 익히게 하였고, 영어의 근본 틀인 영문 구조와 형식을 초등학교 수준에 맞추어 다루었으며, 구조를 학습하기 전에 꼭 필요한 아주 기초적인 것들을 알파벳부터 우리말과 비교·분석하여 다루었다.

2) 글틀영어 구문기초편

구문기초편은 우리말 문장 분석을 통해 우리말의 수식 관계를 정확하게 제대로 익힐 수 있도록 했을 뿐만 아니라 우리말과 영어의 특성을 비교·분석함으로써 영어의 구조(틀)를 쉽게 깨우칠 수 있도록 하였다. 우리말과 영어를 소통시키는 방법에 대한 기초 과정이다.

3) 글틀영어 구문편

구문편은 영어의 구조(틀)를 심도 있게 자세히 다루고 문장 전환을 통해 영어의 심층 구조를 이해할 수 있도록 함으로써 고급 영문 독해와 영작을 제대로 할 수 있는 능력을 기르도록 하였다. 영어의 구조를 얼마나 쉽게 깨우칠 수 있는지를 체감하게 되고 사전만 있으면 어떤 문장이든 우리말을 영어로, 또 영어를 우리말로 옮길 수 있다는 자신감이 생길 것이다.

4) 글틀영어 형태편

형태편은 구조적 틀을 구성하는 낱말들을 어떻게 활용해야 하는지를 공부하는 과정이다. 낱말의 직능을 공부함으로써 영어 학습에 대한 완성도를 높이게 되며, 학교 시험, 대학 수학능력 시험, TEPS, TOEFL, TOEIC 등 각종 시험에 필요한 것들을 습득하게 된다.

기존 영문법 책들과는 달리 일목요연하게 영문법 체계를 바로 세웠다.

5) 글틀영어 영문분석편 I

　영문분석편 I 은 중등 수준에서 고1 수준의 영문 분석을 통해 영어의 구조를 다지고 영문을 우리말로 제대로 정확하게 옮기는 능력을 기르는 과정이다. 영문 분석을 통해 구문편과 형태편에서 익힌 내용들이 실제로 어떻게 적용되는지 실감하게 될 것이다. 이때부터 단어나 문장의 암기가 수월해지며, 노력에 따라 이해하는 영어에서 몸으로 체득되는 영어가 될 것이다.

6) 글틀영어 영문분석편 II

　영문분석편 II 는 심도 있는 영문 구조 분석을 통해 영어의 심층 구조를 익히고 우리말로 옮기는 과정이다. 구문편과 형태편에서 익힌 내용들이 총망라된 해설로 영문을 제대로 정확하게 해석할 수 있는 능력을 배양하게 된다. 이 과정을 통해서 단어만 알면 어떤 문장이든 우리말로 옮길 수 있다는 자신감이 생기고 스스로 영어를 연마할 수 있는 능력이 생성될 것이다.

7) 글틀영어 영문독해편

　영문독해편은 영어 실력의 완성도를 높이는 과정으로 수필, 연설문, 단편 등에서 내용이 좋고 영어 학습에 유익한 주옥같은 글 16편을 골라 실었다.
　매 편마다 먼저 작가에 대한 소개를 하였고, 독자의 이해를 돕기 위해 작품이나 글에 대한 해설을 실었다. 그리고 각 단락마다 필요한 문법과 문장 구조를 자세히 설명하여 구문편과 형태편에서 학습한 것을 종합적으로 숙지할 수 있도록 하였다. 이 영문독해편을 통해 영어 실력이 일취월장할 것이며 어떤 분야든 필요한 영문을 읽고 이해하는 데 어려움이 없게 될 것이다.

머리말

외국어는 모국어를 통해서 받아들이게 되어 있으므로 외국어를 잘하기 위해서는 먼저 모국어인 우리말을 잘 알아야 합니다.

글틀영어는 우리말에 대한 올바른 이해에서부터 출발합니다. 우리말을 바탕으로 한 글틀영어 학습법은 우리의 얼과 혼을 지키며 영어를 아주 쉽게 배울 수 있는 획기적인 방법입니다.

우리말을 등한시한 채 유치원생 때부터 영어를 가르치는 것은 우리의 얼과 혼을 말살하는 위험한 일입니다.

이 입문편은 영어를 읽고 쓰는 학습 단계로 들어가는 가장 초보적인 단계의 책입니다.

제1부에서는 영어 글틀의 기초적인 것을 초등학교 수준에 맞추어 우리말과 비교·분석하여 다루었습니다. 도해법(그림풀이 학습법)으로 우리말을 분석하여 영어 어순으로 배열하는 학습을 통해서 영어 문장을 쓰는 방법을 익히게 되고, 영어 문장의 기본 틀을 이해할 수 있게 됩니다.

또한 우리말 분석을 통해 우리말의 수식 관계를 제대로 깨우치게 됨으로써 사고력과 문장 이해 능력이 향상되고, 논리적인 글을 쓸 수 있는 능력이 생기게 됩니다.

이 책에 안내되어 있는 방식대로 스스로 먼저 연습장에 써서 해 보고 책과 맞추어 가면서 공부할 것을 당부합니다. 이와 같이 공부하다 보면 자기도 모르는 사이에 영어에 흥미를 느끼게 될 것입니다.

머리말

　제2부에서는 영문 구조를 학습하기 전에 꼭 필요한 아주 초보적인 것들을 다루었는데, 제1부 영어 글틀의 기초를 공부하면서 필요한 부분들만 보아도 되겠습니다. 가장 기초적인 알파벳 설명부터 발음과 발음기호, 인칭대명사 변화, be 동사 등 문장을 다루기 전에 꼭 알아야만 될 것들을 실었습니다. 아주 기초적인 것을 주로 다루었지만 영문 구조 이전에 알아야 될 것들을 될 수 있는 대로 다 다루어서 초등학생에게는 좀 버거운 내용도 있습니다. 그런 부분은 그냥 넘어가면서 공부해 나가면 됩니다.

　가능한 한 쉽게 우리말과 비교·분석하여 설명하였으므로, 우리 한글을 깨우친 초등학교 상급 학년 이상이면 별 어려움 없이 이해할 수 있을 것이며, 기본적인 영어 단어를 좀 알고 있으면 초등학교 저학년도 이해할 수 있을 것입니다.

　이 입문편을 공부한 다음에는 '글틀영어 구문기초편'을 공부하기 바랍니다. 구문기초편은 초보자를 위해 영어의 구조를 우리말과 비교·분석하여 중학 1·2학년 정도면 누구나 이해할 수 있도록 쉽게 썼습니다.

　이 책으로 초등학생들이 우리말에 대한 수식 관계를 제대로 깨우치고, 영어에 대한 흥미를 느끼게 된다면 저자로서는 더할 나위 없는 보람이 될 것입니다.

PREFACE

　끝으로 글틀영어에 남다른 애정을 가지고 여러모로 많은 도움을 주시며 이 책을 발행해 주신 김진선 사장님과 책 출판을 위해 애써 주신 질경이 이기연 사장님께 깊은 사의를 표하며, 원고 수정에 도움을 준 한채령 양, 그리고 책을 예쁘게 만드느라 수고하신 김소희 디자이너님에게도 사의를 표합니다.

단기 4354(서기 2021)년 5월

지 만 수

제1부 글틀의 기초

01 낱말의 종류 016
- 1) 명사 017
- 2) 대명사 019
- 3) 동사 019
- 4) 형용사 020
- 5) 부사 021
- 6) 전치사 022
- 7) 접속사 024
- 8) 감탄사 025

02 우리말과 영어의 특성 026

03 문장의 구조 029

04 문장의 형식 039
- 1) 1형식 040
- 2) 2형식 059
- 3) 3형식 072
- 4) 4형식 084
- 5) 5형식 096

제2부 영어의 가장 초보적인 것들

01 알파벳 ……………………………………………………………… 110
1) 알파벳이란? ……………………………………………………… 110
2) 알파벳 이름 …………………………………………………… 110
3) 알파벳 글자체의 종류 ………………………………………… 112
4) 알파벳 쓰는 법 ………………………………………………… 113

02 단어와 철자와 발음 ………………………………………… 115
1) 단어와 철자 …………………………………………………… 115
2) 철자와 발음 …………………………………………………… 115
3) 발음기호 ……………………………………………………… 116

03 음절과 강세 …………………………………………………… 126
1) 음절 …………………………………………………………… 126
2) 강세 …………………………………………………………… 126

04 문장의 억양 …………………………………………………… 133
1) 평서문의 억양 ………………………………………………… 133
2) 의문문의 억양 ………………………………………………… 134
3) 명령문의 억양 ………………………………………………… 135
4) 감탄문의 억양 ………………………………………………… 136

05 끊어 읽기 — 137

1) , ; : — 등의 구두점이 있을 때 ……………………… 137
2) 삽입어구의 앞뒤에서 ……………………………… 138
3) 대등절의 대등접속사 앞에서 ……………………… 138
4) 주절과 종절(명사절, 형용사절, 부사절) 사이에서 ……… 139
5) 주부가 길 때 ……………………………………… 140
6) 부사구 앞뒤에서 …………………………………… 140
7) 생략된 곳에서 ……………………………………… 141
8) 강조하는 말의 앞뒤에서 …………………………… 142

06 명사의 복수형 — 143

1) 명사의 복수형을 만드는 방법 ……………………… 143
2) 복수형 어미 (e)s의 발음 …………………………… 145
3) 복수 명사 앞에 붙이는 말들 ……………………… 145

07 인칭대명사의 변화 — 151

08 수 — 156

1) 기수 ………………………………………………… 157
2) 서수 ………………………………………………… 157
3) 수 읽는 법 ………………………………………… 158

09 be 동사 — 164

10 have 동사 — 169

11. 주어가 3인칭 단수일 때의 동사의 현재형 … 172
1) 동사에 (e)s를 붙이는 방법 ………………………… 172
2) 동사의 어미 (e)s의 발음 …………………………… 173

12. 동사의 변화 … 177
1) 규칙 동사 …………………………………………… 177
2) 불규칙 동사 ………………………………………… 180

13. 시제 … 188
1) 시제의 기본 구조 …………………………………… 188
2) 12시제의 분류 ……………………………………… 189

14. 부정문 … 194
1) be 동사의 부정 ……………………………………… 194
2) have 동사의 부정 …………………………………… 195
3) 일반 동사의 부정 …………………………………… 196
4) 명령문의 부정 ……………………………………… 197
5) not을 사용하지 않은 부정문 ……………………… 199

15. 문장의 종류 … 203
1) 평서문 ……………………………………………… 203
2) 의문문 ……………………………………………… 204
3) 명령문 ……………………………………………… 210
4) 감탄문 ……………………………………………… 212
5) 기원문 ……………………………………………… 214

01 낱말의 종류

사람은 동물과 달리 말로 자신의 생각이나 느낌을 표현하지.
만일 말이 없다면 어떨까?

 불편해요. 동물들처럼 살 것 같아요.

그래. 말이 없다면 우리는 오늘날과 같은 편리한 생활을 할 수 없겠지.
그럼 우리가 늘 사용하는 말에 대해 알아볼까?
"철수는 영희를 좋아한다." 자, 이 말은 어떤 것들로 이루어져 있지?

 음, 낱말들로 이루어져 있어요.
'철수' '영희' '좋아한다' 이런 낱말들이 모여 있어요.

아, 그렇군. 이제 보니 말은 낱말들로 이루어져 있네. 그런데 이 낱말들을 말 속에서 하는 일에 따라 나누어 보면 명사, 대명사, 동사, 형용사, 부사, 전치사, 접속사, 감탄사 이렇게 8종류로 나눌 수 있지.
그럼, 이 낱말들이 말 속에서 어떤 일을 하고 있는지 알아볼까?

1. 명사

먼저, 명사부터 볼까?
"철수는 영희를 좋아한다."에서 '철수'와 '영희'는 어떤 말일까?

'철수', '영희'는 사람 이름이에요.

그래, 맞았어. '철수'나 '영희'처럼 이름을 나타내는 말을 명사라고 하지.
그럼 이들이 말 속에서 어떤 일을 하고 있는지 살펴볼까?

'철수'는 주인공 구실을 하고 있고, '영희'는 철수가 좋아하는 상대예요.

그래. '철수'처럼 주인공 구실을 하는 말을 주어라고 해. 그런데 '철수'가 주어인지는 어떻게 알 수 있을까?

'철수' 뒤에 '는'이 왔으므로 주어라는 것을 알 수 있어요.
우리말은 주어에는 '이, 은, 는, 가'가 붙거든요.

그렇지. 우리말에서 '이, 은, 는, 가'는 주어임을 나타내는 말이야.
주어임을 나타내는 말을 주격토씨라고 해.

그런데 토씨라는 말을 모르겠는데요.

아, 토씨라는 말을 처음 들어보겠구나. 쉽게 말해서 토씨는 낱말에 붙어서 그 낱말이 하는 일을 나타내는 말이야. '이, 은, 는, 가'라는 토씨가 붙으면 주어임을 나타내므로 '주격토씨'라고 하고, '을, 를'이라는 토씨가 붙으면 목적어임을 나타내므로 '목적격토씨'라고 하지.

아~, 그렇구나. 토씨가 뭔지 이제 알았어요.

이번에는 '영희'를 살펴볼까? '영희'는 철수가 좋아하는 상대인데 이처럼 좋아하는 상대, 즉 대상을 목적어라고 하지. 따라서 '영희'는 목적어 구실을 하고 있어.

그럼 '영희'가 목적어인지는 어떻게 알 수 있을까?

'영희' 뒤에 '를'이 왔으므로 목적어라는 것을 알 수 있어요.
우리말은 목적어에는 '을'이나 '를'이라는 목적격토씨가 붙거든요.

응, 그렇지. 우리말에서 '을, 를'은 목적어임을 나타내는 말이야.
목적어임을 나타내는 말을 목적격토씨라고 하지.

'철수'나 '영희'처럼 명사는 말속에서 주어나 목적어 구실을 해. 그리고 또 보어 구실도 하고.

보어는 뭔가요?

그럼 "이것은 곶감입니다."를 볼까?
여기에서 '곶감'은 어떤 구실을 하고 있지?

음, 잘 모르겠는데요.

'곶감'은 보어 구실을 하고 있어. 보어는 보충해 주는 말이야. 만일 '곶감'이 없으면 "이것은 입니다."가 되는데 도대체 이것이 무엇인지 알 수가 없지. 그래서 보충해 주는 말이 필요한 거야.
이와 같이 '입니다(이다)' 앞에 와서 보충해 주는 말을 보어라고 해.

자, 정리해 볼까? 명사는 이름을 나타내는 말인데 주어, 목적어, 보어 구실을 해. 그리고 주어에는 주격토씨 '이, 은, 는, 가'가 붙고, 목적어에는 목적격토씨 '을, 를'이 붙어.
예를 들면 boy(소년), book(책), Tom(사람 이름), spring(봄), school(학교) 등과 같은 이런 말들이 명사야.

2. 대명사

이번에는 대명사가 어떤 것인지 알아볼까?

"그는 그녀를 사랑한다."에서 '그는'과 '그녀를'은 어떤 구실을 하고 있지?

'그는'은 주어 구실을 하고 있고 '그녀를'은 목적어 구실을 하고 있어요.

그래, 아주 잘 알고 있네. 그런데 '그는'이나 '그녀를'은 이름을 나타내는 말이 아니지? 그러므로 명사는 아니겠네. 그럼 명사가 아니고 뭘까?

음, 명사를 대신하는 말이에요. '그는'은 양호, 광수, 진식 등 남자를 대신하는 말이고, '그녀를'은 순희, 혜윤, 유숙 등 여자를 대신하는 말이에요.

암, 그렇고 말고. '그, 그녀, 그것, 그들' 이런 낱말들은 명사를 대신하는 말들인데 이와 같이 명사를 대신하는 말을 대명사라고 해. 이 대명사도 명사처럼 주어, 목적어, 보어 구실을 하지.

예를 들면 you(당신, 너), he(그), she(그녀), it(그것), we(우리), they(그들) 등과 같은 이런 말들이 대명사야.

3. 동사

이제, 동사를 살펴볼까?

그럼 "철수는 영희를 좋아한다."에서 '좋아한다'는 어떤 말일까?

음, 철수가 무엇을 하는지를 알려 주는 말이에요.

암, 그렇지. '좋아한다'는 주어 '철수'의 행위에 대해 설명해 주고 있네.
이렇게 주어의 동작이나 상태, 존재 등을 나타내는 말을 동사라고 하지. 동사는 우리말에서는 말끝이 '다, 냐, 지, 요, 라' 등으로 끝나.

"영삼이는 여행을 갈 것이다."에서 '갈 것이다'는 무엇일까?

글쎄, 동사인 것 같은데…….

그래, 맞아. 동사야. 그런데 '갈 것이다'는 두 개가 합쳐진 말이야. '가다'에 '~할 것이다'가 더해진 거야. 이때 '가다'는 본래의 뜻을 지닌 동사여서 '본동사'라고 하고, '~할 것이다'는 본동사를 도와주므로 '조동사'라고 해.
"젊은이는 어른을 공경해야 한다."에서도 동사 '공경해야 한다'는 본동사 '공경하다'에 조동사 '~해야 한다'가 더해진 것이야.
이와 같이 동사는 본동사 혼자 오기도 하고, 본동사에 조동사가 더해져 오기도 하지.

예를 들면 will(~할 것이다, ~일 것이다), can(~할 수 있다), may(~일지도 모른다, ~해도 좋다), ought to(~해야 한다) 등 이런 말들은 조동사이고, like(좋아하다), see(보다), hear(듣다), think(생각하다), walk(걷다) 등 이런 말들은 본동사야.

4. 형용사

이제 형용사를 알아볼까?

"이것은 매우 향기로운 꽃입니다."에서 '이것은'이 주격토씨 '은'이 왔으므로 주어이고, '꽃'이 보어이고, '입니다'가 동사라는 것은 앞에서 공부한 내용으로 알 수 있겠지?
그러면 '향기로운'은 어떤 말일까?

음, 꽃을 꾸미는 말인 것 같은데요.

그래, 맞았어. '향기로운'은 꽃을 꾸미는 말이야. '향기로운'처럼 명사를 꾸미는 말을 형용사라고 하지. 형용사는 명사 앞에 와.

그런데 형용사 '향기로운'은 말끝이 무엇으로 끝났지?

'ㄴ'이라는 자음으로 끝났어요.

그렇지. 자음(ㄱ, ㄴ, ㄷ …… ㅌ, ㅍ, ㅎ) 중에 'ㄴ'으로 끝났지. 이처럼 형용사는 말끝이 자음으로 끝나.

예를 들면 beautiful(아름다운), honest(정직한), good(좋은), fragrant(향기로운), happy(행복한) 등 이런 말들이 형용사야.

5. 부사

이제, 부사를 알아볼까?

그럼 "이것은 매우 향기로운 꽃입니다."에서 '매우'는 어떤 말일까?

가만 보자. 음, 알았다. '향기로운'을 꾸미는 말이에요.

그렇지. '매우'가 형용사 '향기로운'을 꾸미고 있지. 그냥 향기로운 게 아니라 굉장히 향기롭다는 말이야. 이처럼 형용사를 꾸미는 말을 부사라고 해.

"유숙이는 아주 즐겁게 춤추었다."에서 '즐겁게'는 어떤 말일까?

'즐겁게'는 '춤추었다'를 꾸미는 말이에요.

우리 똑순이 우리말 실력이 대단하네. '즐겁게'가 동사 '춤추었다'를 꾸미고 있지. 이처럼 동사를 꾸미는 말도 부사라고 해.

그럼 부사는 형용사도 꾸밀 수 있고 동사도 꾸밀 수 있네요.

그렇지. 역시 똑순이야. 그럼 '아주'는 뭘 꾸밀까?

'아주'는 '즐겁게'를 꾸미고 있어요.

맞았어. '아주'가 부사 '즐겁게'를 꾸미고 있지. '아주'처럼 부사를 꾸미는 말도 부사라고 해.

그럼 부사는 형용사, 동사도 꾸미고 다른 부사도 꾸미네요.

그래. 부사는 형용사, 부사, 동사를 꾸미는 말이야. 그런데 '매우' '아주' '즐겁게' 이 부사들은 말끝이 무엇으로 끝났지?

모두 모음으로 끝났어요.

그러네. 말끝이 '매우'는 'ㅜ', '아주'도 'ㅜ', '즐겁게'는 'ㅔ' 이렇게 모음으로 끝났네. 이와 같이 부사는 우리말에서 말끝이 모음(ㅏ, ㅑ, ㅓ …… ㅡ, ㅣ)으로 끝나.

예를 들면 very(매우, 아주), slowly(천천히), happily(행복하게), beautifully(아름답게), quietly(조용하게) 등 이런 말들이 부사야.

6. 전치사

이번에는 전치사를 살펴볼까?
전치사는 명사 앞에 와서 그 명사와 다른 말과의 관계를 나타내 주는 말이야.
우리말에서는 영어의 전치사에 해당하는 말이 항상 명사 다음에 오는데 영어에서는 명사 앞에 와. 그래서 전치사라고 하는 거야.

앞에 온다고 해서 前(앞 전), 置(둘 치), 詞(말씀 사)를 써서 전치사(前置詞)라고 하는군요.

그렇지. 전치사는 명사 앞에 와서 그 명사와 함께 '구'를 이루는 말이야.

어, 그런데 구가 뭔지 모르겠는데요.

아, 그렇구나. 구는 두 개 이상의 낱말이 모여 하나의 품사처럼 사용되는 한 토막의 말이야. 그런데 두 개 이상의 낱말이 모이면 다 구가 되는 것은 아니야. 구를 이루려면 전치사와 명사가 결합이 되어야 하지.

예를 들면 '봄에(in spring)'는 명사 '봄'과 영어의 전치사에 해당하는 '에'가 합쳐진 말이지. 이와 같이 명사와 전치사가 결합된 것을 '구'라고 해.

아하! 그래서 '봄에(in spring)'가 구가 되는군요. 우리말은 영어의 전치사에 해당하는 '에'가 봄 다음에 오지만 영어는 전치사 in이 spring 앞에 오네요.

그래. 영어는 전치사가 명사 앞에 와. 다음 예를 볼까?
"현정이는 도서관에서 열심히 책을 읽는다."에서 '도서관에서'는 어떤 구실을 하고 있지?

'열심히'처럼 '도서관에서'도 '읽는다'를 꾸미고 있어요.

그렇지. '열심히'도 '도서관에서'도 '읽는다'를 꾸미는 말이지.
그런데 '열심히'는 한 낱말로 되어 있지만, '도서관에서'는 명사 '도서관'과 전치사 '에서'가 결합된 말이야. 그러므로 구를 이루고 있지. 그럼, 구는 어떻게 쓰일까?

음, '도서관에서'가 꾸미는 말이니까 꾸미는 말, 즉 형용사나 부사처럼 쓰이지 않을까요?

아, 똑순이 정말 똑똑해. 그래, 구도 형용사나 부사처럼 쓰여.
형용사처럼 명사를 꾸밀 때는 형용사구가 되고, 부사처럼 형용사나 부사나 동사를 꾸밀 때는 부사구가 되는 것이지.

그럼, '도서관에서'는 동사 '읽는다'를 꾸미므로 부사구네요.

그렇지. 부사구야. 그런데 우리말에서 부사구는 부사처럼 말끝이 모음으로 끝나고, 형용사구는 형용사처럼 말끝이 자음으로 끝나.
형용사나 형용사구는 자음, 부사나 부사구는 모음으로 끝난다는 사실을 알아 두면 영어를 우리말로 옮길 때 많은 도움이 돼.

전치사는 이와 같이 명사와 더불어 구를 이루는데, 예를 들면 in(~안에, ~에), at(~에서), on(~위에), with(~와 함께, ~와 같이), to(~로) 등 이런 말들이 전치사야.

7. 접속사

이제, 접속사를 살펴볼까?

"양호와 예슬이는 유럽 여행을 다녀왔다."는 말[글]에서 주어는 뭘까?

'양호'하고 '예슬'이에요.

그렇지. 주어가 '양호'하고 '예슬' 둘이지. 이 둘을 '와'가 연결하고 있어. 이렇게 이어 주는 말을 접속사라고 해.
여기서 '와'는 명사와 명사를 연결해 주고 있는데, 명사와 명사, 형용사와 형용사, 부사와 부사, 동사와 동사, 구와 구 등과 같이 같은 것을 연결하는 접속사를 대등접속사라고 하지.
우리말에서 '와, 과, 그리고, 며, 데, 그러나, 나, 또는' 등이 대등접속사야.

pineapple and banana(파인애플과 바나나)는 대등접속사 and(과)가 명사와 명사를 연결하고 있고, poor but happy(가난하나 행복한)는 대등접속사 but(나)이 형용사와 형용사를 연결하고 있으며, on foot or by bike(걸어서 또는 자전거로)는 대등접속사 or(또는)가 구와 구를 연결하고 있지.

예를 들면 and(와, 과), but(그러나, 만), or(혹은, 또는) 등과 같은 이런 말들이 대등접속사야.

8. 감탄사

이제 마지막으로 감탄사라는 것을 볼까?

"아! 정말 행복하구나."에서 '아!'는 어떤 말일까?

 너무 좋아 외치는 말이에요.

맞았어. 아!, 야호!, 아하!, 오!, 맙소사! 이와 같이 강한 감정을 나타내는 말을 감탄사라고 하지. 감탄사는 말[글] 속에서 다른 낱말과 아무런 관련 없이 독립적으로 쓰이는 말이야.

예를 들면 oh(오), ah(아), bravo(잘한다, 좋아, 브라보), wow(와), hurrah(만세) 등과 같은 이런 말들이 감탄사야.

지금까지 낱말들의 종류를 살펴보았는데, 그 많은 낱말들을 말[글] 속에서 하는 구실에 따라 나누어 보면 영어에서는 그 종류가 이와 같이 8가지뿐이야. 그래서 낱말 공부는 그리 어렵지 않아.
낱말이 하는 구실을 잘 알면 우리말뿐만 아니라 영어 같은 외국말도 쉽게 배울 수 있어.

02 우리말과 영어의 특성

 어떻게 하면 영어를 쉽게 배울 수 있을까요?

　외국어인 영어를 잘하려면 먼저 자신이 사용하고 있는 말을 잘 알아야 해. 어떤 외국어든 자신의 말을 통해서 외국어를 받아들이기 때문이야. 그렇기 때문에 영어를 잘하기 위해서는 먼저 우리말을 잘 알아야 하는 것이고.

 아, 그렇군요. 그런데 우리는 지금까지 우리말을 무시한 채 영어에만 매달려서 영어가 어려웠군요.

　맞아, 그랬던 거야. 그러면 우리말이 어떤 언어인지 살펴볼까?
　"민호는 진주를 좋아한다."를 "민호 진주 좋아한다." 이렇게 하면 어떻게 될까?

 어어, 말이 안 되네. 무슨 말인지 모르겠어요.
　잠깐, 그런데 아까 번 문장에서 '민호'에 붙어 있던 '는'이 빠지고, '진주'에 붙어 있던 '를'이 빠졌네요. '는'과 '를' 두 글자가 빠지니 무슨 말인지 통 알 수가 없어요.

　그렇지. 이제 '는', '를' 같은 낱말이 우리말에서는 아주 중요하다는 것을 알 수 있겠지.
　명사가 '는'이나 '를' 없이 오면 어떤 구실을 하는지 알 수가 없어. 그래서 명사에는 그 구실을 나타내는 '이, 은, 는, 가, 을, 를' 등과 같은 낱말들이 붙어 나오는데 이런 낱말들을 토씨라고 해.

"민호 진주 좋아한다."는 명사 '민호'나 '진주'에 그 구실을 나타내는 토씨가 없기 때문에 무슨 말인지 알 수가 없었던 것이군요.

그래. "민호는 진주를 좋아한다."처럼 명사가 하는 구실을 나타내는 낱말, 즉 토씨가 붙어 나와야 비로소 그 뜻을 알 수 있는 제대로 된 말이 되는 거야.

이와 같이 우리말은 토씨가 중요한 구실을 하고 있고, 그 낱말에 어떤 토씨가 붙느냐에 따라 의미가 달라지지. 그래서 우리말을 토씨중심어라고 할 수 있어.

아, 그렇군요. 우리말은 토씨가 중요한 구실을 하는 토씨중심어이군요. 그런데 여태 그것도 모르고 영어에만 매달렸으니…….

이번에는 영어가 어떤 특성을 지닌 언어인지 살펴볼까.

> Minho likes Jinju.
> Jinju likes Minho.

이 두 문장은 의미가 같을까, 다를까?

가만 보자. 어, 똑같은 낱말들로 이루어져 있는데 뜻이 다르네.

그렇지. 이 두 문장은 똑같은 낱말들로 이루어져 있지만 그 의미는 전혀 다르지. "Minho likes Jinju."는 "민호는 진주를 좋아한다."이고, "Jinju likes Minho."는 "진주는 민호를 좋아한다."이지. Minho와 Jinju의 위치(자리)가 바뀌니 그 뜻이 달라져 버리네.

아하, 영어는 낱말의 위치가 아주 중요하군요. 같은 낱말이라도 위치가 달라지니 뜻이 달라져 버리네요.

그래. 영어는 낱말의 위치가 중요한 구실을 해. 낱말이 어떤 위치에 오느냐에 따라 의미가 달라지지. 그리고 "Likes Minho Jinju."처럼 낱말의 위치가 잘못되면 문장이 성립되지 않아. 그래서 영어를 위치중심어라고 할 수 있어.

영어는 우리말과는 그 특성이 아주 다르네! 그럼 어떻게 영어를 공부해야 될까요?

걱정 마, 똑순아. 쉽게 영어를 공부할 수 있는 방법이 있으니까.
앞에서 살펴본 바와 같이 우리말과 영어는 그 특성이 전혀 다른 언어야. 이런 특성을 모른 채 무턱대고 외우려 들면 매우 힘들고 시간이 많이 걸려. 그런데 우리말과 영어의 특성을 알고 공부하면 아주 쉽고 빠르게 영어를 배울 수 있어.

어휴, 우리말과 영어의 특성이 전혀 다른 것도 모르고 무턱대고 영어를 공부했으니 어려울 수밖에.

우리말과 영어를 비교·분석해서 공부함으로써 우리말과 영어의 공통점과 차이점을 알게 되고, 영어의 위치를 우리말의 토씨로, 우리말의 토씨를 영어의 위치로 바꾸는 이치를 터득하게 될 거야.
이런 이치를 알고 공부하면 이치를 모르고 무턱대고 외우는 것보다 훨씬 효과적으로 영어를 공부할 수 있지.

Beauty is in the eyes of the beholder.
아름다움은 보는 사람의 눈에 있다.

03 문장의 구조(짜임새)

먼저 문장에 대해 살펴볼까?
문장은 어떻게 이루어져 있을까?

 문장은 대개 '주어 · 동사'로 이루어져 있어요.

그래. 맞았어. 그러면 주어는 뭘까?

 주어는 문장에서 주인공(임자)에 해당하는 것인데 '이, 은, 는, 가'라는 주격 토씨가 붙어요.

그렇지. 아주 잘 알고 있네. 그럼, 동사는 뭐지?

 동사는 주어가 어떤지 설명해 주는 말인데 말끝이 '다, 냐, 지, 요, 라' 등으로 끝나요.

그래. 우리말에서 주어는 주격토씨 '이, 은, 는, 가'가 붙고, 동사는 말끝이 '다, 냐, 지, 요, 라' 등으로 끝나지.
 영어에서는 문장 첫 글자는 반드시 대문자로 쓰며 문장 끝에는 온점(.), 느낌표(!), 물음표(?) 등을 붙여.

이번에는 문장의 구성 요소를 살펴볼까?

문장은 주요소와 종요소로 나눌 수 있어.

주요소와 종요소가 뭔가요?

아마 초등학생은 주요소, 종요소 이런 말을 처음 들어 볼 거야.
주요소는 문장의 뼈대를 이루는 부분으로 문장을 이루는 데 없어서는 안 되는 꼭 필요한 요소를 말해.
그리고 종요소는 주요소의 내용을 꾸미는 부분으로 꼭 필요한 요소가 아니라 필요에 따라 뜻을 더해 주는 요소야. 주인과 종을 생각하면 쉬울 거야.

그러니까 종요소라는 것은 주요소를 받드는 것이로군요. 필요할 때마다 주요소를 꾸며서 멋지게 하는 것이라고 볼 수 있겠군요.
그럼, 주요소와 종요소 외에 문장을 또 어떻게 나눌 수 있나요?

문장은 또 주부와 술부로 나눌 수가 있어.

음, 또 주부는 뭐고, 술부는 뭐지…….

주부는 주어와 주어에 딸린 부분을 합하여 말하는 것이고, 술부는 서술어와 서술어에 딸린 부분을 합하여 말하는 거야.
예를 들면 "예쁜 새들이 즐겁게 지저귄다."에서 '예쁜 새들이'가 주부이고, '즐겁게 지저귄다'가 술부야.

아하, 그렇구나. 그런데 서술어는 뭐지…….

서술어는 설명하는 말이야. 즉 동사를 말하는 것이지.

그러니까 문장은 주요소와 종요소 그리고 주부와 술부로 나눌 수 있군요.

그렇지. 그래서 문장은 주부의 주요소, 술부의 주요소, 주부의 종요소, 술부의 종요소 이렇게 4요소로 나누어지지.

 아하, 문장은 이렇게 4요소로 이루어져 있구나. 그럼 이 4요소를 쉽게 이해하려면 어떻게 해야 되나요?

문장의 4요소를 쉽게 이해하기 위해서는 도해(그림풀이) 학습 방법을 이용하면 좋아.

 음, 도해가 뭐지…….

도해는 우리말로 풀이하면 '그림풀이'라고 할 수 있어. 문장을 그림으로 풀어 보면 누구나 쉽게 그 구조를 이해할 수 있지.
어렵고 복잡한 문장의 구조를 아무리 말로 잘 설명해 주어도 그 구조를 모르는 사람은 이해하기 어렵지만, 그림으로 보여 주면 누구나 쏙쏙 이해할 수 있지.

 그러니까 도해로 공부하면 학습 효과가 아주 좋아지는군요. 도해(그림풀이)가 어떤 것인지 얼른 알고 싶어요.

허허, 그래 알려 주지. 도해는 일종의 약속이므로 이제부터 약속을 하나하나 정해 나가면 돼. 그럼 약속을 해 나갈까?
다음 그림에서 보듯이 가로선을 하나 그려. 이 가로선의 위쪽을 주요소, 아래쪽을 종요소라고 정하자고.

주요소
———————————
종요소

그다음 이 가로선에 수직으로 세로선을 그려. 이 세로선의 왼쪽을 '주부', 오른쪽을 '술부'라고 정하지.

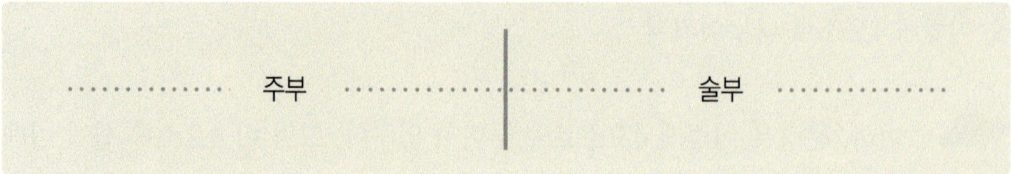

이와 같이 정하면 다음과 같이 되지.

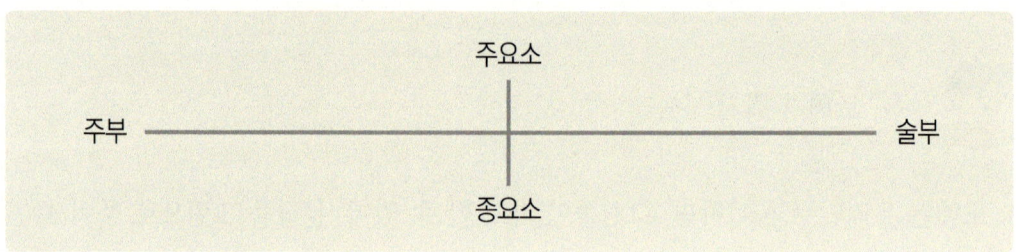

 그러면

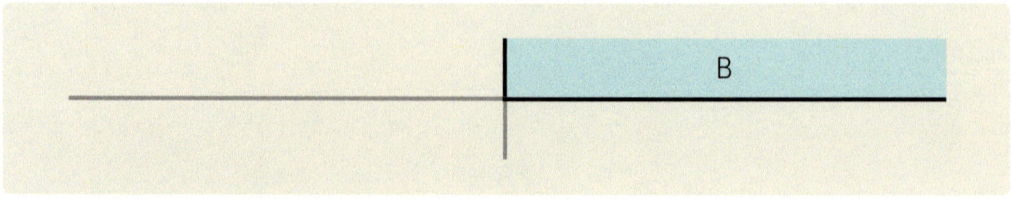

A부분은 주부의 주요소이고

B부분은 술부의 주요소이며

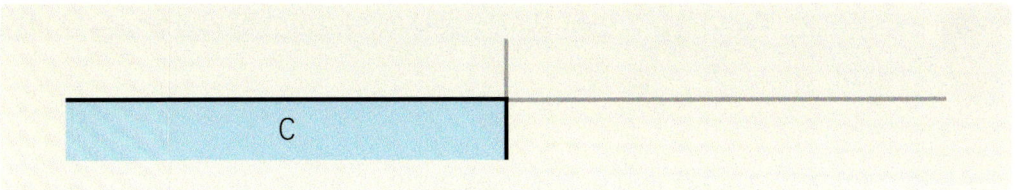

C부분은 주부의 종요소이고

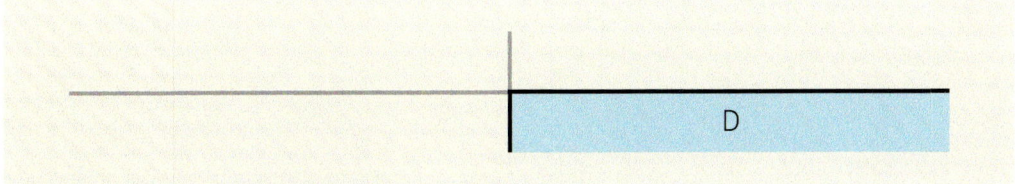

D부분은 술부의 종요소이군요.

그렇지. 도해에서 보는 바와 같이

문장 =	주부의 주요소	술부의 주요소
	주부의 종요소	술부의 종요소

문장은 이처럼 4요소로 나누어지지.

 도해를 보니 문장은 4요소(주부의 주요소, 주부의 종요소, 술부의 주요소, 술부의 종요소)로 이루어져 있다는 것을 한눈으로 쉽게 알 수 있네요.

그렇지. 그래서 공부하는 데 도해가 많은 도움이 되는 거야.

 그럼, 우리 이 4요소를 좀 더 자세히 알아봐요.

그러지. 먼저 주부의 주요소부터 볼까. 주부의 주요소는 뭘까?

주어예요. 주어가 될 수 있는 품사는 명사/대명사이고 우리말에서는 주격토씨 '이, 은, 는, 가'가 붙어요.

아무렴, 그렇고 말고. 그럼 술부의 주요소는 뭐지?

동사예요. 동사는 주어의 동작, 상태, 존재를 나타내며, 우리말에서는 말끝이 '다, 냐, 지, 요, 라'로 끝나요.

| 주어 (이, 은, 는, 가) | 동사 (다, 냐, 지, 요, 라) |

그래, 아주 잘 알고 있네. 예를 들면 "새들이 지저귄다."에서 '새들이'가 주격토씨 '이'가 있으므로 주어이고, '지저귄다'가 말끝이 '다'로 끝나 동사야.

| 새들이 | 지저귄다 |

이번에는 종요소를 알아볼까. 종요소는 뭘까?

종요소는 꾸미는 말(꾸밈어, 형용어)이에요.

그렇지. 그런데 꾸미는 말에는 형용사와 부사 두 가지가 있어.
형용사는 명사를 꾸미며 우리말에서는 말끝이 자음(닿소리)으로 끝나. 예를 들면 '예쁜'은 말끝이 'ㄴ'이라는 자음으로 끝나서 형용사야.
부사는 동사, 형용사, 부사를 꾸미며 우리말에서는 말끝이 모음(홀소리)으로 끝나. 예를 들면 '예쁘게'는 말끝이 'ㅔ'라는 모음으로 끝나서 부사야.

형용사 ➡ 명사 (자음)
부　사 ➡ 동사·형용사·부사 (모음)

 그러면 형용사나 부사를 도해로 어떻게 나타내나요?

　형용사나 부사를 도해로 나타낼 때는 다 똑같이 빗금(\)으로 표시해.
　빗금을 명사 밑에 그리면 그 명사를 꾸미는 형용사가 되고, 동사 밑에 그리면 그 동사를 꾸미는 부사가 돼. 또 형용사나 부사 밑에 그리면 그 형용사나 부사를 꾸미는 부사가 되지.

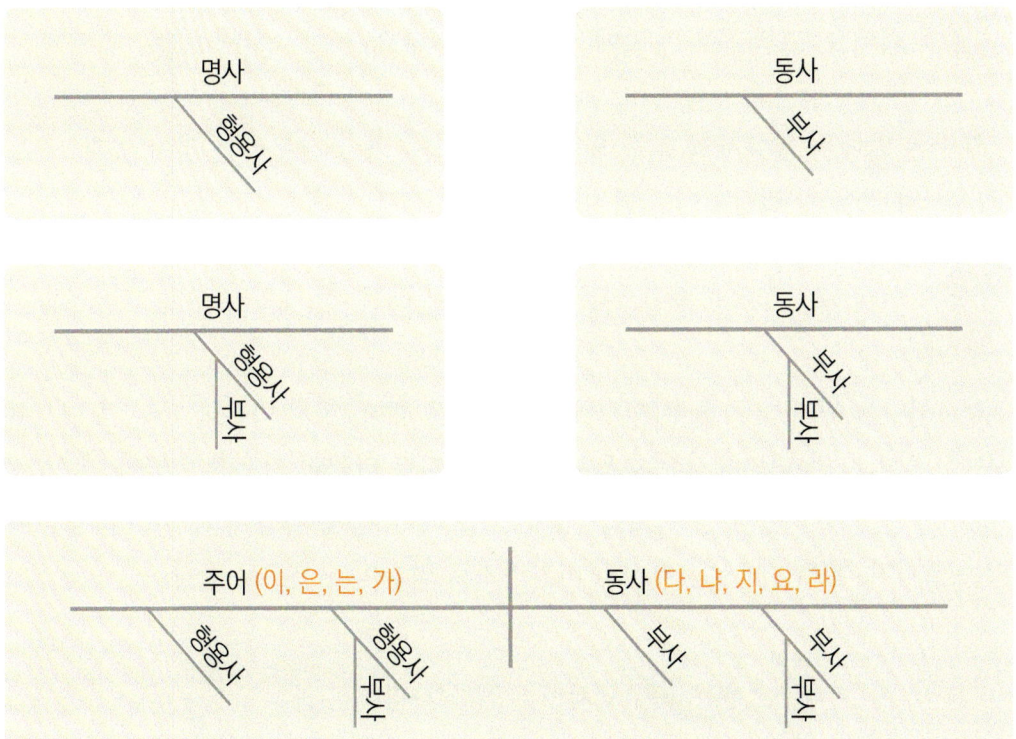

 그러니까 그 선 밑에 그리는 것은 그 선 위에 있는 것을 꾸민다는 뜻이군요.

그래, 아주 잘 이해했어. 예를 들어 "예쁜 새들이 즐겁게 지저귄다."에서 '예쁜'은 말끝이 자음으로 끝나 형용사야. 그러므로 명사 '새들이' 밑에 빗금(\)을 그리고 빗금 위에다 '예쁜'을 써넣어.

'즐겁게'는 말끝이 모음으로 끝나 부사야. 그러므로 동사 '지저귄다' 밑에 빗금(\)을 그리고 빗금 위에다 '즐겁게'를 써넣어.

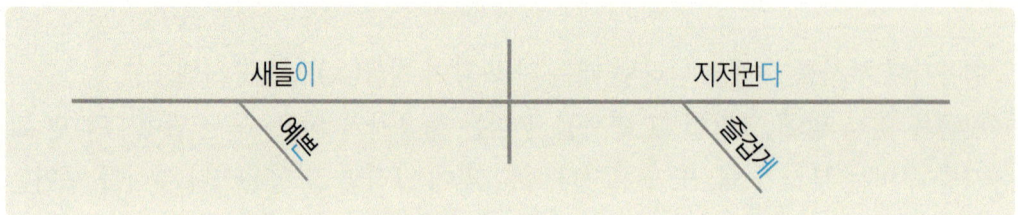

 우와~, 형용사는 자음 어미, 부사는 모음 어미라는 이치만 알면 되네요. 참 쉽네요. 그럼 꾸미는 말에는 또 뭐가 있나요?

꾸미는 말에는 형용사와 부사 외에 또 형용사구와 부사구라는 것이 있지. 구는 '전치사와 명사'가 결합되어 구를 이루는 거야.

 그럼 형용사구와 부사구는 어떤 것인가요?

형용사구는 명사 다음에 구(전치사+명사)가 올 때야. 명사 다음에 와서 그 명사를 꾸미는 말이지. 우리말에서는 형용사와 마찬가지로 말끝이 자음으로 끝나.

부사구는 동사 다음에 구(전치사+명사)가 올 때야. 동사 다음에 와서 그 동사를 꾸미는 말이지. 우리말에서는 부사와 마찬가지로 말끝이 모음으로 끝나.

> 형용사구 : 명사 ➡ 전치사+명사 (자음)
> 부 사 구 : 동사 ➡ 전치사+명사 (모음)

 그러니까 형용사나 형용사구는 말끝이 자음으로 끝나고, 부사나 부사구는 모음으로 끝나는군요.

그렇지, 아주 똘똘하네. 그럼 구의 예를 하나 볼까?

in the park는 '전치사+명사'로 구인데, 'the children in the park(공원에 있는 아이들)'에서는 명사 children 다음에 와서 형용사구이고, 'walk in the park(공원에서 산책하다)'에서는 동사 walk 다음에 와서 부사구야.

the children in the park
형용사구
공원에 있는(자음: ㄴ)

walk in the park
부사구
공원에서(모음: ㅓ)

 그러면 구는 어떻게 표시하나요?

구의 표시는 세로선과 가로선을 결합해서 '└──' 모양으로 나타내. 세로선 오른쪽에는 전치사를 써넣고, 가로선 위에는 명사를 써넣어. 한 예로 'at home(집에서)'을 도해에다 써넣으면 다음과 같아.

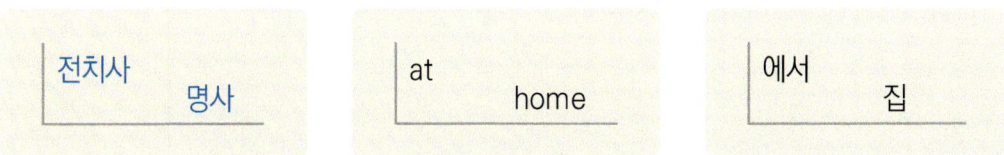

참고) 'at home(집에서)'에서처럼 영어에서는 전치사(at)가 명사(home) 앞에 오는데, 우리말에서는 전치사에 해당하는 말(에서)이 명사(집) 뒤에 와.

 그럼, 이 구도 명사 밑에 그리면 그 명사를 꾸미는 형용사구이고, 동사 밑에 그리면 그 동사를 꾸미는 부사구가 되나요?

그렇지. 명사를 꾸미는 것은 형용사나 형용사구이고, 동사를 꾸미는 것은 부사나 부사구이니까.

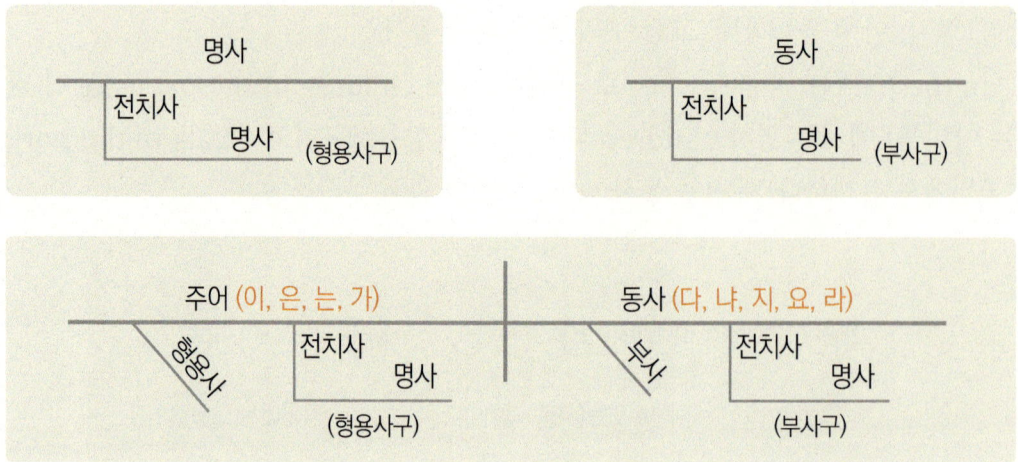

 그러고 보니 문장의 구조(짜임새)를 이해하는 데 도해가 아주 많은 도움이 되는군요. 도해를 하여 환하게 눈으로 보게 되면 문장의 구조를 누구나 빠르고 쉽게 잘 이해할 수 있게 되겠어요.

그렇지. 도해를 하면 문장 구조와 수식 관계를 정확하게 이해할 수 있을 뿐만 아니라 왼쪽 뇌와 오른쪽 뇌가 고루 발달되어 두뇌 발달에도 좋은 효과를 발휘하지. 그러니 다소 번거롭더라도 부지런히 도해를 해 보는 것이 좋아.

		주 부			술 부	
주요소	주어(명사)	우리말 토씨	이,은,는,가	동사	우리말 어미	다,냐,지,요,라
종요소	형용사	영어 위치	명사 앞	부사	영어 위치	동사 뒤
		우리말 위치	명사 앞		우리말 위치	동사 앞
		우리말 어미	자음		우리말 어미	모음
	형용사구	영어 위치	명사 뒤	부사구	영어 위치	동사 뒤
		우리말 위치	명사 앞		우리말 위치	동사 앞
		우리말 어미	자음		우리말 어미	모음

04 문장(동사)의 형식

이제 문장의 형식으로 들어가 볼까?

문장의 형식을 여러 가지로 나눌 수 있는데 동사에 따라 다섯 가지 종류로 나눌 수 있지.

동사에는 스스로 움직이는 자동사와 남의 힘으로 움직이는 타동사가 있어. 타동사는 스스로 움직이지 못하므로 목적어를 필요로 하지. 그리고 자동사와 타동사에는 각자 보어를 필요로 하지 않는 완전동사와 보어를 필요로 하는 불완전동사가 있어. 그런데 타동사에는 목적어를 두 개 필요로 하는 동사가 있는데 이를 수여동사(이중동사)라고 해.

그래서 다음과 같이 다섯 가지 문장 형식이 이루어지는 거야.

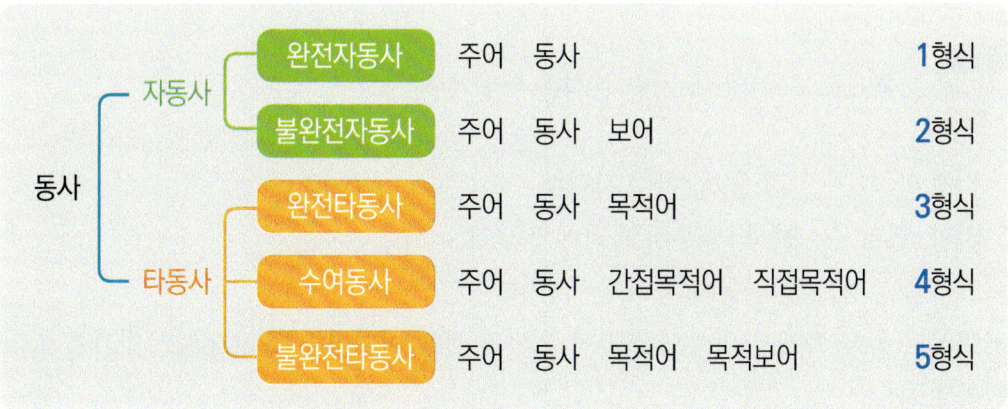

이와 같이 영어 문장은 1형식~5형식으로 이루어져 있어. 아무리 문장이 어렵고 복잡해도 결국은 이 다섯 종류의 형식 가운데 하나일 뿐이야.

그럼 1형식부터 공부해 볼까?

1. 완전자동사(1형식)

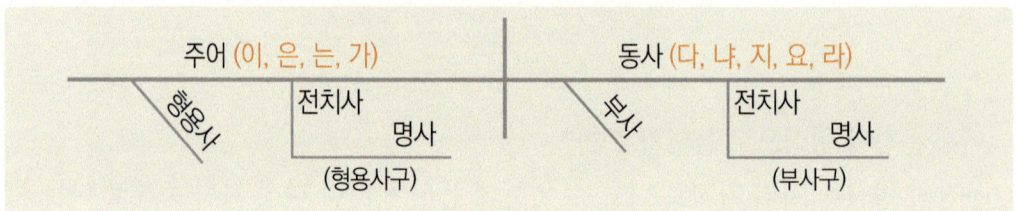

주요소가 '주어·동사'로 이루어진 문장을 1형식 문장이라고 해. 예를 들어 "꽃이 핀다."에서 동사 '핀다'는 홀로 완전하게 주어 '꽃'을 설명하고 있지.
이와 같이 목적어나 보어를 필요로 하지 않고 동사 혼자서 스스로 주어를 완전히 설명하는 동사를 완전자동사라고 해.

그러면 1형식 문장부터 우리말(한글) 문장을 분석하여 도해하고, 그 도해된 문장을 영어 어순으로 배열하여 영어 문장을 만들어 볼까?

 좋아요. 그런데, 우리말 분석은 어떻게 하지…….

걱정 마. 내가 알려 줄게. 아주 간단해.
자아, 먼저 주어를 찾아 주어 자리에 써넣고,
그다음 동사를 찾아 동사 자리에 써넣어.
그리고 동사 쪽에서 왼쪽으로 가면서 한 어절씩 어미가 자음인가 모음인가를 따져 나가면 돼.
자음 어미이면 형용사나 형용사구이고, 모음 어미이면 부사나 부사구야. 어때 간단하지.

 우와~, 진짜 간단하잖아!

우리말(한글) 문장을 분석하는 방법

1. 주어를 찾는다.
   주어는 **명사(대명사)**이고 주격토씨 '**이·은·는·가**'가 붙는다.

2. 동사를 찾는다.
   동사는 **동작**이나 **상태**, **존재** 등을 나타내며 어미가 '**다·냐·지·요·라**' 등으로 끝난다.

3. 동사 쪽에서 왼쪽으로 가면서 한 어절씩 어미가 **자음**인가 **모음**인가를 살펴본다.
   자음 어미이면 **형용사**나 **형용사구**이고, **모음 어미**이면 **부사**나 **부사구**이다.

예문 1   그들은 열심히 일합니다.

➲ 먼저 문장의 4요소를 그려.

```
                    |
  ──────────────────┼──────────────────
                    |
```

➲ 주어를 찾아 주부의 주요소(주어 자리)에 써넣어.

이 문장에서 어떤 것이 주어일까?

 '그들은'이 '그들'이 대명사이고 주격토씨 '이·은·는·가' 가운데 '은'이 왔으므로 **주어**예요.

그렇지. 그럼 '그들은'을 주어 자리에 다음과 같이 써넣어.

```
          그들은       |
  ─────────────────────┼──────────────────
                       |
```

4. 문장(동사)의 형식 ·· 41

◯ 동사를 찾아 술부의 주요소(동사 자리)에 써넣어.

어떤 것이 동사일까?

'일합니다'가 동작을 나타내는 말로써 동사 어미 '다·냐·지·요·라' 가운데 '다'로 끝나서 동사예요.

아주 잘 아네. 그럼 다음과 같이 동사 자리에 '일합니다'를 써넣어.

| 그들은 | 일합니다 |

◯ 동사 쪽에서부터 왼쪽으로 가면서 한 어절씩 어미가 자음인가 또는 모음인가를 판별해 나가.(자음 어미이면 형용사이고, 모음 어미이면 부사야.)

'열심히'는 어미(말끝)가 자음인가, 모음인가?

모음이에요. 그러므로 부사예요.

그렇지. 어미가 자음으로 끝나면 형용사, 모음으로 끝나면 부사라고 했지. '열심히'가 'ㅣ'라는 모음으로 끝나서 부사이므로 다음과 같이 동사(일한다) 밑에 빗금(\)으로 부사를 그려 넣고, 그 빗금 위에 '열심히'를 써넣으면 돼.

| 그들은 | 일합니다\열심히 |

이와 같이 우리말 분석이 다 끝났으면 문맥을 살펴 가면서 꾸미는 관계가 맞는지 확인해 봐. 만일 꾸미는 관계가 맞지 않으면 그 분석은 잘못된 것이야.

⊙ 분석된 문장을 영어의 어순으로 늘어놓아.

영어 어순은 주부를 먼저 쓰고 술부를 나중에 써. 따라서 주어 '그들은'을 쓰고, 술부를 쓰는데 술부에서는 술부의 주요소(동사)를 먼저 쓰고, 술부의 종요소를 나중에 쓰지. 그래서 동사 '일합니다'를 먼저 쓰고 나서 부사 '열심히'를 쓰는 거야.

 그럼 "그들이 일합니다 열심히." 이렇게 쓰면 되겠네요.

그렇지. 이제 우리말 단어를 영어 단어로 바꾸면 되는 거야. 그러면 "They work hard." 이렇게 영어 문장이 만들어지지.

우리말	: 그들은 열심히 일합니다.
영어어순	: 그들은 일합니다 열심히.
영어	: They work hard.

they 그들은(이), 그것들은(이)   work 일하다, 노동하다   hard 열심히, 애써서, 몹시

예문 2 많은 동물들이 아프리카에 삽니다.

동물들이	삽니다

해설 '동물들이'가 주격토씨 '이·은·는·가' 가운데 '이'가 왔으므로 주어이고, '삽니다'가 동사 어미 '다·냐·지·요·라' 가운데 '다'로 끝나서 동사네. 그럼 주어, 동사를 써넣고.

4. 문장(동사)의 형식 ·· 43

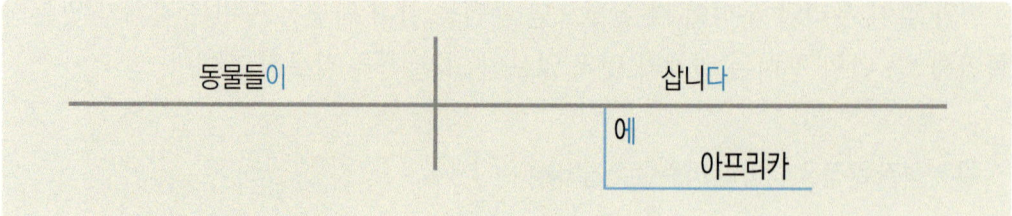

> **해설** 이제 차례로 따져 나가 볼까? '아프리카에'는 어미가 'ㅔ'라는 모음으로 끝나서 부사 아니면 부사구인데 '아프리카에'라는 부사가 없으므로 부사구네. 그럼 동사(삽니다) 밑에 부사구(└─)를 그려 넣고, 전치사 자리에 '에'를, 명사 자리에 '아프리카'를 써넣어.

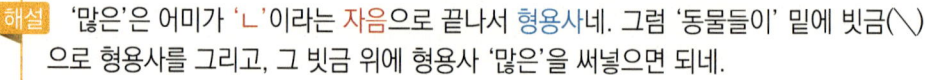

> **해설** '많은'은 어미가 'ㄴ'이라는 자음으로 끝나서 형용사네. 그럼 '동물들이' 밑에 빗금(\)으로 형용사를 그리고, 그 빗금 위에 형용사 '많은'을 써넣으면 되네.

 많은/동물들이/삽니다/에/아프리카.
Many animals live in Africa.

> **해설** 분석이 다 끝났으니 이제 영어 어순으로 나열해 볼까?
> 형용사는 꾸미는 말 앞에 오므로 주어 '동물들이'보다 형용사 '많은'을 먼저 쓰고, 술부에서는 주요소인 동사 '삽니다'를 쓰고 나서 종요소인 부사구 '아프리카에'를 쓰면 되네. 부사구에서는 전치사 '에'를 먼저 쓰고, 명사 '아프리카'를 쓰지. 그러면 "많은 동물들이 삽니다 에 아프리카."가 되네. 영어 단어로 옮기면 "Many animals live in Africa."라는 문장이 완성되는군.

many 많은, 다수의   animal 동물   live 살다   in ~에, 에서, 속에   Africa 아프리카

예문 3   철수는 민주와 즐겁게 춤추었습니다.

철수는	춤추었습니다

해설   '철수는'이 주격토씨 '는'이 왔으므로 주어이고, '춤추었습니다'가 동사 어미 '다'로 끝나서 동사네. 그럼 주어, 동사를 써넣고.

철수는	춤추었습니다
	즐겁게 (사선)

해설   '즐겁게'는 어미가 모음 'ㅔ'로 끝나서 부사네. 그럼 동사(춤추었습니다) 밑에 빗금(\)으로 부사를 그리고, 그 빗금 위에 부사 '즐겁게'를 써넣으면 되네.

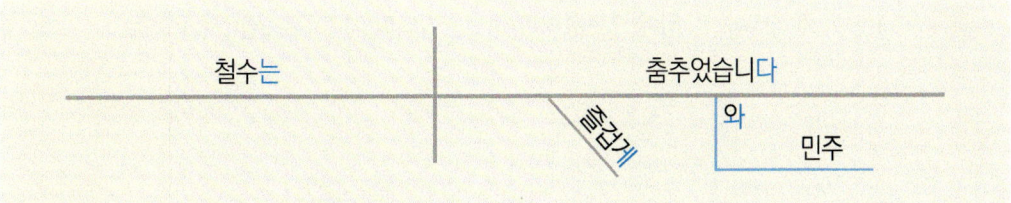

해설   '민주와'는 어미가 'ㅘ'라는 모음으로 끝나서 부사 아니면 부사구인데 '민주와'라는 부사가 없으므로 부사구네. 그럼 동사 밑에 부사구(└──)를 그리고, 전치사 자리에 '와'를, 명사 자리에 '민주'를 써넣으면 되겠네.

 철수는/춤추었습니다/즐겁게/와/민주.
Cheol-su danced cheerfully with Min-ju.

> **해설** 영어 어순 배열은 주어·동사를 쓴 다음 술부의 종요소를 쓰는데 술부의 종요소는 간단한 것을 먼저 쓰고 복잡한 것을 나중에 써. 그래서 부사 '즐겁게'를 먼저 쓰고 나서, 부사구 '민주와'를 쓰지. 부사구에서는 전치사 '와'를 쓴 다음에 명사 '민주'를 쓰는 거고.

dance 춤추다   cheerfully 즐겁게, 쾌활하게   with ~와/과, ~와/과 함께, ~와/과 같이

술부의 종요소 배열 순서는 간단한 것을 먼저 쓰고 복잡한 것을 나중에 쓴다.
즉 부사, 부사구 순서로 쓴다.

예문 4   나는 버스로 학교에 갑니다

나는	갑니다

> **해설** '나는'이 주격토씨 '는'이 왔으므로 주어이고, '갑니다'가 '다'로 끝나서 동사야.

나는	갑니다
	에 / 학교

> **해설** '학교에'는 어미가 'ㅔ'라는 모음으로 끝나서 부사 아니면 부사구인데 '학교에'라는 부사가 없으므로 부사구야. 그래서 동사(갑니다) 밑에 부사구를 그리고, 전치사 자리에 '에'를, 명사 자리에 '학교'를 써넣어.

```
         나는         |            갑니다
                      | 에           | 로
                      |    학교      |    버스
```

> **해설** '버스로'도 어미가 'ㅗ'라는 모음으로 끝나서 부사 아니면 부사구인데 '버스로'라는 부사가 없으므로 부사구야. 그래서 동사 밑에 부사구를 그리고, 전치사 자리에 '로'를, 명사 자리에 '버스'를 써넣어.

 나는/갑니다/에/학교/로/버스.
I go to school by bus.

> **해설** 술부의 종요소에 부사가 여러 개 있거나 부사구가 여러 개 있을 때는 장소, 방법, 시간의 순서로 써. 그래서 장소 표시 부사구 '학교에'를 먼저 쓰고, 방법 표시 부사구 '버스로'를 그다음에 쓴 거야.

I 나는, 내가　　go(went, gone) 가다　　to (이동 방향을 나타내어) ~에/로, ~쪽으로
school 학교, 수업　　by ~으로, ~에 의하여　　bus 버스

> 부사나 부사구가 여러 개 있을 때는 장소, 방법, 시간의 순서로 쓴다.

예외 형용사

형용사는 우리말에서는 어미가 자음 어미인데 모음 어미인 예외 형용사.

1. 관사　　　　　　the(그)
2. 지시형용사　　　this(이), that(저)
3. 속격(소유격)　　~'s, of~(의)

4. 문장(동사)의 형식 ·· 47

예외 부사

부사는 우리말에서는 어미가 모음 어미인데 자음 어미인 예외 부사.

1. 시간부사　　　　오늘, 지금, 곧, 일찍…
2. 방법부사　　　　~처럼, 잘…
3. 의성어, 의태어　너울너울, 솔솔, 꿀꺽꿀꺽, 엉금엉금…

예문 5　그녀의 수업은 8시 40분에 시작합니다.

```
        수업은                    시작합니다
        ╲                         │에
         ╲그녀의                   8시 40분
```

해설　'수업은'이 주격토씨 '은'이 왔으므로 주어이고, '시작합니다'가 '다'로 끝나서 동사야.
'8시 40분에'는 어미가 'ㅔ'라는 모음으로 끝나서 부사 아니면 부사구인데 그러한 부사가 없으므로 부사구네,
　'그녀의'는 어미가 모음이지만, 예외로 속격형용사야.

　그녀의/수업은/시작합니다/에/8시 40분.
　　Her school begins at eight forty.

　형용사는 꾸미는 말 앞에 오므로 주어 '수업은'보다 형용사 '그녀의'를 먼저 써.

her 그녀의, 그녀를　　school 수업, 학교　　begin(began, begun) 시작하다, 착수하다
at ~에, ~으로　　eight 8　　forty 40

예문 6 그의 형은 캐나다에 갈 것입니다.

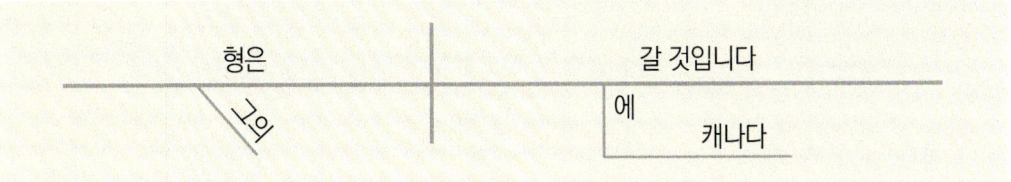

해설 '갈 것입니다'는 '가다'에 조동사 will(~할/일 것이다)의 의미가 덧붙여진 것이야.
'캐나다에'는 어미가 모음 'ㅔ'로 끝나서 부사 아니면 부사구인데 그러한 부사가 없으므로 부사구이고, '그의'는 어미가 모음이지만 예외로 속격형용사야.

그의/형은/갈 것입니다/에/캐나다.
His brother will go to Canada.

his 그의   brother 형제, 형, 동생   will ~할 것이다, ~일 것이다   Canada 캐나다

예문 7 그녀는 자기 친구들과 함께 식사하고 있었습니다.

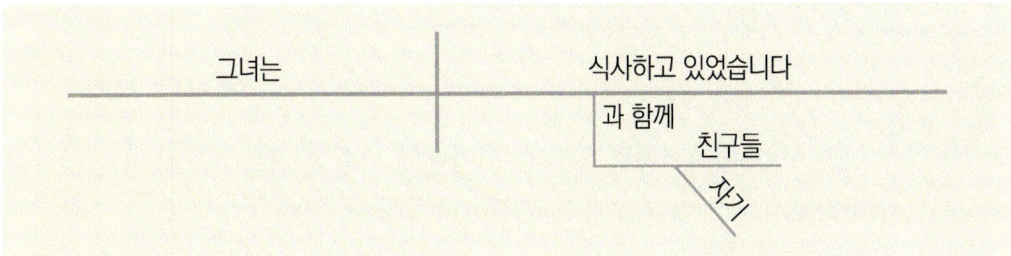

해설 우리말의 진행형은 '고 있'이야.(영어의 진행형은 'be+동사원형ing'이지.) 그래서 '식사하고 있었습니다'가 진행형으로 동사야. 그런데 과거를 나타내는 '었'이 있으므로 과거 진행형이지.
'친구들과 함께'는 어미가 모음 'ㅔ'로 끝나서 부사 아니면 부사구인데 그러한 부사가 없으므로 부사구이고, '자기'는 '자기의'가 줄어든 것이므로 속격형용사야.

그녀는/식사하고 있었습니다/과 함께/자기/친구들.
She was eating with her friends.

she 그녀는(가)   eat(ate, eaten) 먹다, 식사하다   friend 친구, 벗, 동무

이제, 대등접속사에 대해 알아볼까? 접속사는 앞말과 뒷말을 이어주는 말인데, 대등접속사는 자격이 같은 것끼리 연결하는 접속사야. 즉, 명사는 명사끼리, 형용사는 형용사끼리, 부사는 부사끼리, 동사는 동사끼리 연결해.

우리말에서는 와, 과, 고, 서, 며, 데, 그리고, 그래서, 그러나, 혹은, 또는 등이고, 영어에서는 and, but, or 등이야.

접속사 도해는 점선으로 표시하는데 대등접속사는 위아래로 수직 점선( )으로 나타내.

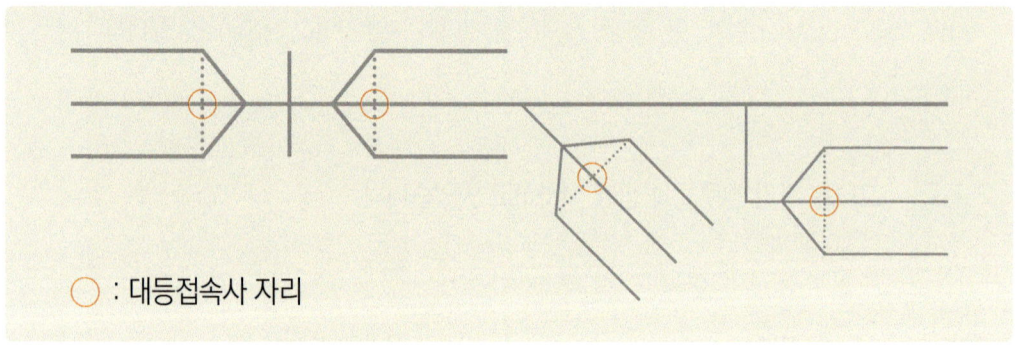

◯ : 대등접속사 자리

주어가 둘이면 위 도해에서처럼 주어선 위아래에 나란히 가로선을 긋고 점선으로 수직으로 연결하고서 '〉' 이런 모양으로 주어선에 붙여.

동사가 둘이면 동사선 위아래에 나란히 선을 긋고 주어의 경우와는 반대쪽으로 수직 점선으로 연결하고서 '〈' 이런 모양으로 동사선에 붙여.

형용사나 부사 그리고 기타의 경우에도 마찬가지 방법으로 그 선 위아래에 나란히 선을 긋고 같은 방법으로 그리면 돼.

대등접속사로 연결된 것을 도해에다 써넣는 방법은 선 위에다 대등접속사 앞에 나

온 것을 먼저 쓰고, 뒤에 나온 것을 나중에 써. 즉 순서대로 위에서부터 차례로 써넣어. 대등접속사는 그 사이에 있는 점선에다 써넣으면 돼.

만일 대등접속사로 연결된 것이 셋이면 가운데 선에까지 순서대로 쓰면 돼. 그 이상일 경우에는 필요한 만큼 선을 그어 같은 방식으로 하면 돼.

예문 8 그 소년과 소녀는 어제 여기에 왔습니다.

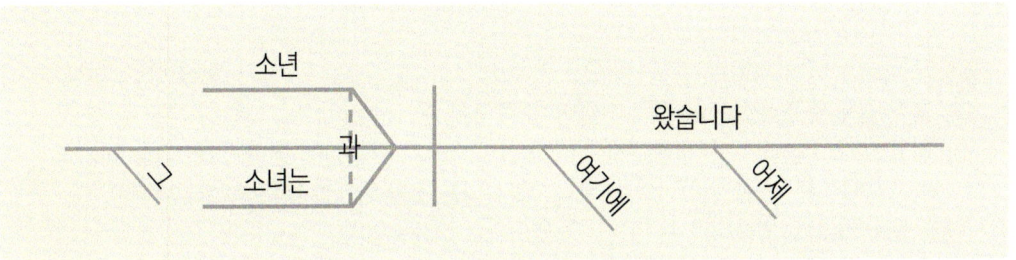

해설 '소녀는'이 주격토씨 '는'이 왔으므로 주어인데, 대등접속사 '과'가 '소년'이라는 명사와 '소녀'라는 명사를 연결해 주고 있으므로 주어가 둘이네. 그래서 주어선 위아래로 나란히 선을 두 개 그리고, 수직 점선으로 연결하고서 '〉' 이런 모양으로 주어선에 붙여. 그리고 나서 대등접속사 앞에 나온 것을 위쪽 주어선 위에, 뒤에 나온 것을 아래쪽 주어선 위에 써넣어.

'여기에'와 '어제'는 어미가 모음으로 끝나서 부사네. '그'는 모음으로 끝났지만 예외로 관사형용사인데, '소년'과 소녀' 둘 다 꾸미므로 가운데 주어선 밑에 빗금(\)으로 형용사를 그리고 그 위에 '그'를 써넣어.

 그/소년/과/소녀는/왔습니다/여기에/어제.
The boy and girl came here yesterday.

해설 대등접속사로 이어진 것의 어순은 대등접속사 앞에 나온 것부터 차례로 배열해. 따라서 대등접속사 앞에 나온 '소년'을 먼저 쓰고 나서, 뒤에 나온 '소녀'를 쓰는데, 형용사는 꾸미는 말 앞에 오므로 관사형용사 '그'를 '소년' 앞에 맨 먼저 써.

the 그   boy 소년, 남자아이   and ~과/와, 고, 그리고   girl 소녀, 여자아이
come(came, come) 오다   here 여기에   yesterday 어제

예문 9 ▶ 그 농부와 그의 아내는 들판에서 일하고 있습니다.

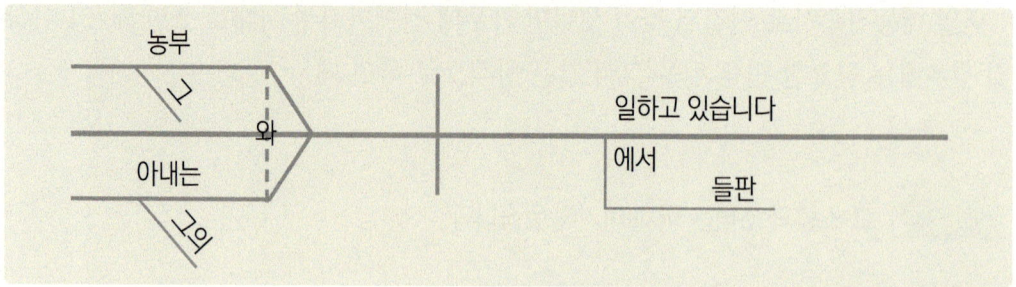

 '아내는'이 주격토씨 '는'이 왔으므로 주어인데, 대등접속사 '와'가 '농부'하고 '아내'를 연결해 주고 있으므로 주어가 둘이네. 그래서 주어선 위아래로 나란히 선을 두 개 그리고, 수직 점선으로 연결하고서 ' 〉 ' 이런 모양으로 주어선에 붙여. 그런 다음 대등접속사 앞에 나온 것을 위쪽 주어선 위에, 뒤에 나온 것을 아래쪽 주어선 위에 써넣어.
　동사 '일하고 있습니다'는 '고 있'이 있으므로 진행형이야.
　'들판에서'는 어미가 모음 'ㅓ'로 끝나서 부사 아니면 부사구인데 그러한 부사가 없으므로 부사구이고, '그의'는 어미가 모음으로 끝났지만 예외로 속격형용사이고, '그'는 관사형용사야.

그/농부/와/그의/아내는/일하고 있습니다/에서/들판.
The farmer and his wife are working in the field.

farmer 농부   wife 아내, 부인   field 들판, 벌판

예문 10 ▶ 그 소년은 그의 어머니와 눈먼 할머니와 함께 살았습니다.

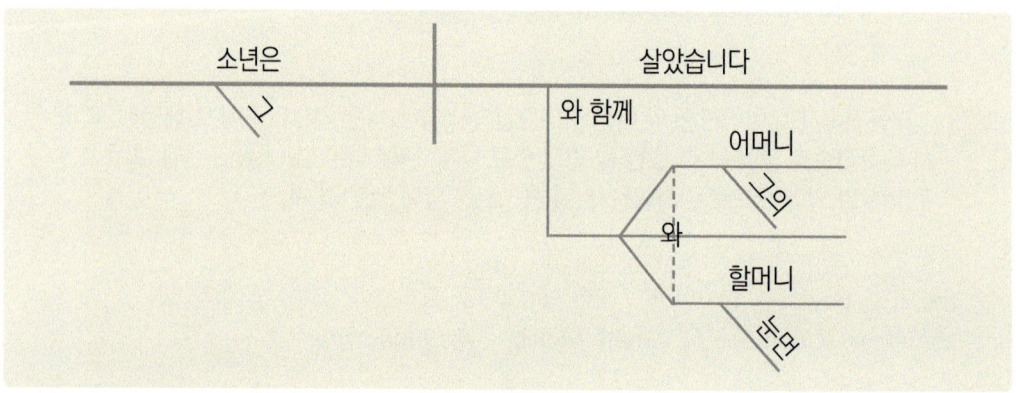

> **해설** '할머니와 함께'는 어미가 모음으로 끝났고 그러한 부사가 없으므로 부사구인데, 대등접속사 '와'가 '어머니'하고 '할머니'를 연결하므로 '와 함께'라는 전치사의 목적어가 둘이네.(전치사 다음에 오는 명사를 전치사의 목적어라고 해.) 그래서 전치사의 목적어선 위아래로 나란히 선을 두 개 그리고 수직 점선으로 연결하고서 '〈' 모양으로 목적어선에 붙여. 그런 다음 대등접속사 앞에 나온 것부터 차례로 선 위에 써넣어.
> '눈먼'은 어미가 자음으로 끝나서 '할머니'를 꾸미는 형용사야. '그의'는 어미가 모음으로 끝났지만 속격형용사로 '어머니'를 꾸며. '그'는 관사형용사로 '소년'을 꾸미네.

 그/소년은/살았습니다/와 함께/그의/어머니/와/눈먼/할머니.
The boy lived with his mother and blind grandmother.

> **해설** '그의 어머니와 눈먼 할머니와 함께'라는 부사구 배열에서는 전치사 '와 함께' 다음에 대등접속사 앞에 나온 '그의 어머니'를 먼저 쓰고 나서, 뒤에 나온 '눈먼 할머니'를 쓰면 돼.

live 살다, 거주하다   mother 어머니   blind 눈먼, 맹인인   grandmother 할머니

연습문제

1. 그들은 6시 30분에 일어납니다.

2. 그녀는 공원으로 천천히 걸어갔습니다.

3. 나는 월요일부터 금요일까지 학교에 갑니다.

4. 그녀는 저녁에 7시에 운동합니다.

5. 새들이 나무 위로 날아가고 있었습니다.

6. 그 소년은 그의 작은 방에서 홀로 잤습니다.

7. 제인의 삼촌은 밤에 소방서에서 일합니다.

8. 그들은 그의 조그마한 일터로 함께 갔습니다.

9. 그 소녀는 프랑스와 이집트로 혼자 갔습니다.

10. 제시카와 그녀의 친구는 당신의 파티에 올 수 없습니다.

 해 답

1.

그들은	일어납니다
	에 6시 30분

▶ 그들은/일어납니다/에/6시 30분.
They get up at 6:30.

they 그들은(이), 그것들은(이)   get up 일어나다, 일어서다   at (시간) ~에, ~으로

2.

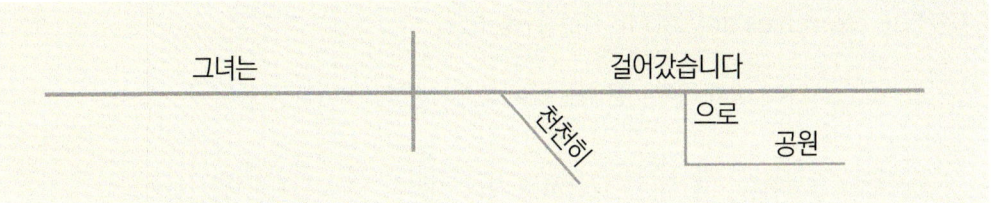

> 그녀는/걸어갔습니다/천천히/으로/공원.
> She walked slowly to the park.

※ park 앞에 온 관사 the는 알 수 있는 명사 앞에 쓴 것인데, 우리말에서는 번역이 없는 경우가 대부분이야.

walk 걷다, 걸어가다   slowly 천천히, 느리게   to ~으로, ~에, ~까지   park 공원

3.

> 나는/갑니다/에/학교/부터/월요일/까지/금요일.
> I go to school from Monday to Friday.

※ 출발(시작)과 도착(끝)을 나타내는 부사구가 겹쳐 나올 때는 출발(시작)을 나타내는 것을 먼저 쓰고, 도착(끝)을 나타내는 것을 나중에 써.

I 나는, 내가   Monday 월요일   Friday 금요일   from ~로부터, ~에서   till/to ~까지

4.

● 그녀는/운동합니다/에/7시/에/저녁.
She exercises at 7:00 in the evening.

※ 시간 표시 부사구가 겹쳐 나올 때는 구체적인 시간부터 써.

exercise 운동하다, 연습하다   in ('특정 기간 동안에'라는 뜻으로) ~에   evening 저녁

5.

새들이	날아가고 있었습니다
	위로
	나무

● 새들이/날아가고 있었습니다/위로/나무.
Birds were flying over the tree.

bird 새   fly(flew, flown) 날다, 날아가다   over 위로   tree 나무

6.

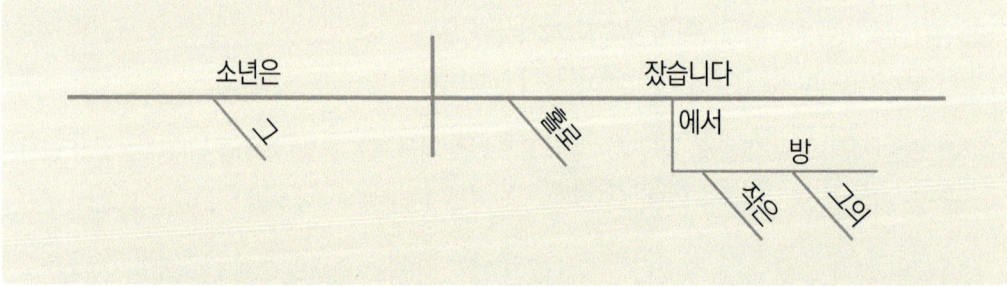

● 그/소년은/잤습니다/홀로/에서/그의/작은/방.
The boy slept alone in his little room.

sleep(slept, slept) 잠자다   alone 홀로, 혼자   in (지역·공간 내의) ~에/에서   little 작은   room 방

7.

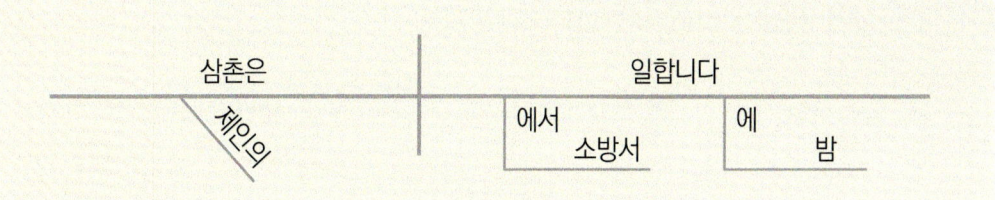

> 제인의/삼촌은/일합니다/에서/소방서/에/밤.
> Jane's uncle works at the fire station at night.

Jane 제인(여자이름)   uncle 삼촌, 아저씨   work 일하다, 일   at (장소) ~에서, (시간) ~에
fire station 소방서   night 밤

8.

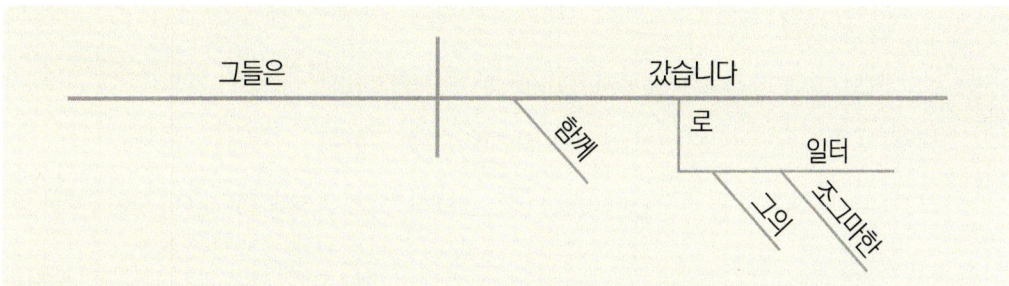

> 그들은/갔습니다/함께/로/그의/조그마한/일터.
> They went together to his small workshop.

go(went, gone) 가다   together 함께, 같이   small 작은   workshop 일터, 작업장

9.

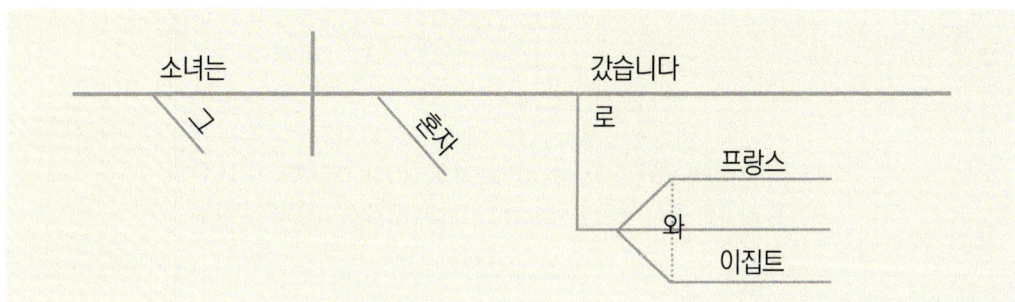

▶ 그/소녀는/갔습니다/혼자/로/프랑스/와/이집트.
The girl went alone to France and Egypt.

> to ~으로, ~에   France 프랑스   and ~와/과, 고, 그리고   Egypt 이집트

10.

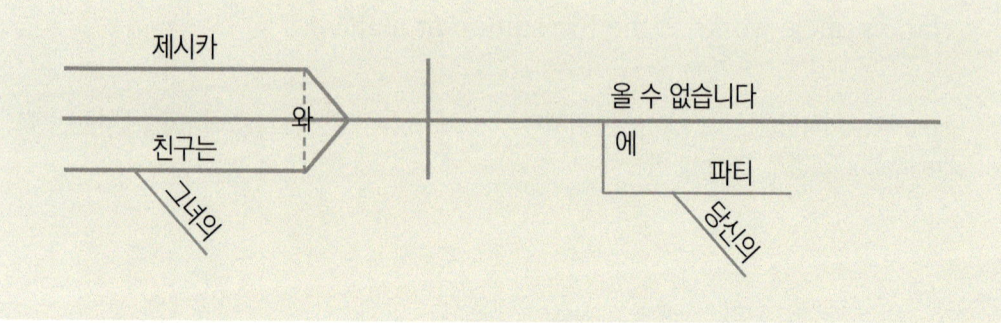

▶ 제시카/와/그녀의/친구는/올 수 없습니다/에/당신의/파티.
Jessica and her friend can't come to your party.

※ '올 수 없습니다'는 '올 수 있습니다(can come)'의 부정이므로 'can not(can't) come'으로 써.

> Jessica 제시카(여자 이름)   friend 친구, 동무, 벗   can (가능) ~할 수 있다, ~일 수 있다
> come(came, come) 오다   your 너의, 당신의   party 파티, 모임, 회합

Time flies like an arrow and time lost never returns.
시간은 화살과 같이 흐르고, 허비된 시간은 다시 돌아오지 않는다.

2. 불완전자동사(2형식)

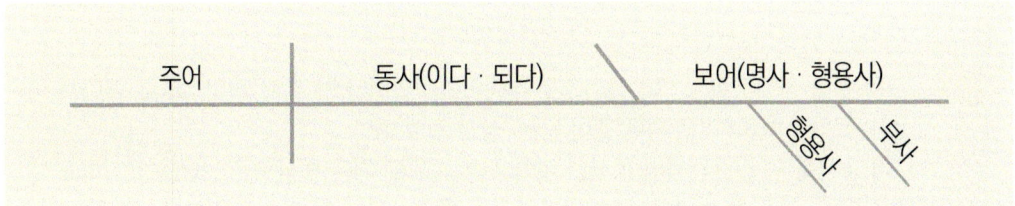

　주요소가 '주어·동사·보어'로 이루어진 문장을 2형식 문장이라고 해. 예를 들어 "그것은 보물이다."에서 '보물'을 빼고 "그것은 이다."라고 하면 '그것'이 무엇인지 알 수가 없지. 동사 '이다'는 혼자서는 주어를 완전하게 설명하지 못하므로 보충해 주는 말이 필요해. '보물'이라는 보어가 옴으로써 주어를 완전하게 설명하게 되지.
　이와 같이 혼자서는 주어를 완전히 설명하지 못하고 보어의 도움을 필요로 하는 동사를 불완전자동사라고 해. 2형식 동사를 불완전자동사라 하는데, 우리말에서는 대체로 '이다(입니다, 습니다), 되다(됩니다)'에 해당되는 말이야.

　보어(보충해 주는 말)가 될 수 있는 말은 명사와 형용사인데, 명사가 보어일 때 주격 보어라 하고, 형용사가 보어일 때는 주어 보어라고 해. 보어는 우리말에서 일정한 토씨가 없고, 일반적으로 '~이다(입니다, 습니다)'나 '~되다(됩니다)' 앞에 붙어 나오는 말이야.

　보어 표시는 동사선 위에 주어 쪽으로 기운 빗금으로 표시하는데 주어 쪽으로 기운 것은 주어를 간접적으로 꾸민다는 뜻이야.
　보어가 명사일 때는 보어를 꾸미는 말은 형용사나 형용사구이고, 보어가 형용사일 때는 보어를 꾸미는 말은 부사나 부사구야.

예문 1 그것은 푸른 상자입니다

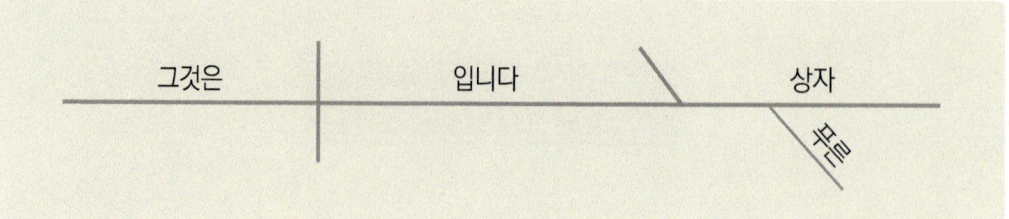

해설 '그것은'이 주격토씨 '은'이 왔으므로 주어이고, '입니다'가 동사 어미 '다'로 끝나서 동사야. 그리고 '입니다'의 앞에 붙어 나온 '상자'가 보어야.
　주어·동사를 써넣은 다음에 동사선 위에 주어 쪽으로 기운 빗금으로 보어를 표시하고 보어 자리에 '상자'를 써넣어. 그런 다음에 동사 쪽에서부터 차례로 한 어절씩 어미가 자음인가 모음인가 판별해 나가.
　'푸른'은 어미가 자음 'ㄴ'으로 끝나서 형용사이므로 '상자'를 꾸며.

 그것은/입니다/푸른/상자.

It is a green box.

해설 영어 어순 배열은 주어·동사·보어 순으로 해.
　green box 앞의 a는 보어 앞에 와서 '그와 같은 종류의 하나'를 나타내는 말인데, 우리말에서는 대개 번역이 없으므로 나타나지 않지만 영작을 할 때는 써넣어 주어야 해.

it 그것　green 푸른, 초록색의, 초록색　box 상자

예문 2 이 책은 매우 재미있습니다

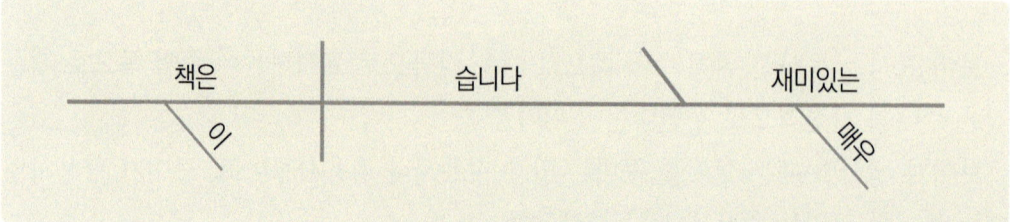

> **해설** 우리말에서는 종종 '이다(입니다, 습니다)'가 보어와 결합되어 나타나지. '재미있습니다'는 형용사 '재미있는'과 동사 '습니다'가 결합된 것이야. 그래서 '습니다'만 동사이고 '재미있는'이 형용사 보어야.
> 　우리말은 서술어가 동사와 서술형용사로 두 가지야. 그런데 영어는 서술어가 동사 한 가지이지. 그래서 우리말에서 형용사가 서술어일 때는 동사 '이다'와 형용사 보어로 나누어야 해. 즉, 좋다 → 좋은+이다, 상냥하다 → 상냥한+이다, 착하다 → 착한+이다……
> 　우리말에서 '어찌어찌하다'라는 동작을 나타내면 동사이고, '어떠어떠하다'라는 상태를 나타내면 형용사야.
> 　'매우'는 어미가 모음 'ㅜ'로 끝나서 부사인데, '재미있는'이라는 형용사를 꾸며. 왜냐하면 'very(매우, 너무, 대단히, 아주)'는 형용사나 부사를 꾸미고 동사는 꾸미지 못하는 부사이기 때문이야.
> 　'이'는 어미가 모음 'ㅣ'로 끝났지만 지시형용사로 '책'을 꾸며.

 이/책은/습니다/매우/재미있는.
This book is very interesting.

> **해설** 형용사나 부사를 꾸미는 부사는 그 형용사나 부사 앞에 오므로, 부사 '매우'를 형용사 '재미있는' 앞에 써.

this 이, 이것 　book 책 　very 매우, 아주, 정말 　interesting 재미있는, 흥미있는

> **참고** '재미있는'이란 형용사는 주어가 사람일 때와 사물일 때가 달라. 주어가 사람일 때는 interested이고, 주어가 사물일 때는 interesting이야.

예문 3 봄은 희망의 계절입니다.

```
    봄은    |    입니다   \   계절
                            \의
                             희망
```

> **해설** '입니다'가 동사 어미 '다'로 끝나 동사이고, '입니다'의 앞에 붙어 나온 '계절'이 명사 보어야.
>   '희망의'는 속격인데 '의' 앞에 온 '희망'이 무생물 명사이므로 형용사구가 돼. 그러므로 보어(계절) 밑에 형용사구를 그리고, 전치사 자리에 '의'를 명사 자리에 '희망'을 써넣어.
>   '의' 앞에 생물 명사가 오면 형용사이고, 무생물 명사가 오면 형용사구야.

봄은/입니다/계절/의/희망.
Spring is the season of hope.

> **해설** 명사가 형용사구의 수식을 받을 때는 그 명사 앞에 관사 the를 써. season이 형용사구 of hope의 수식을 받으므로 season 앞에 the를 쓴 거야.

spring 봄   season 계절, 시기   of ~의, ~에서   hope 희망, 소망, 바라다

생물명사+의 = 형용사   무생물명사+의 = 형용사구

예문 4 그녀는 매우 중요한 약속에 늦었습니다.

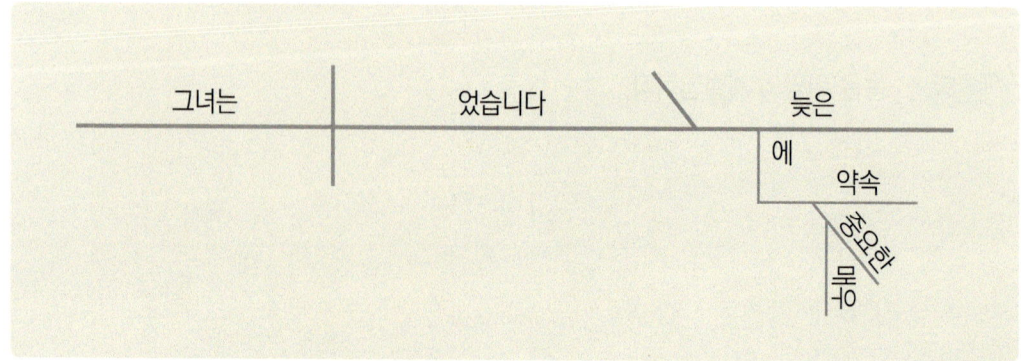

해설 '늦었습니다'는 '어떠어떠하다'라는 상태를 나타내는 형용사이므로 동사 '었습니다'와 '늦은'이라는 형용사 보어로 나누어야 해.
  '약속에'는 어미가 모음으로 끝나서 부사구인데, 형용사 '늦은'을 꾸며. 왜냐하면 부사나 부사구는 형용사나 동사를 뛰어넘지 못하고 그 형용사나 동사를 꾸미기 때문이야.(부사구 '약속에'가 형용사 '늦은'을 뛰어넘어서 동사 '었습니다'를 꾸미지 못해.)
  '중요한'은 어미가 자음으로 끝나서 '약속'을 꾸미는 형용사이고, '매우'는 어미가 모음으로 끝나서 '중요한'을 꾸미는 부사야.

 그녀는/었습니다/늦은/에/매우/중요한/약속.
She was late for very important date.

해설 영어 어순 배열은 주어·동사·보어를 쓴 다음에 부사구를 써.

late 늦은, 지각한   for (정해진 날짜·시간을 나타내어) ~에   important 중요한, 중대한
date 약속, 날짜

예문 5 그 주의 첫 날은 일요일입니다.

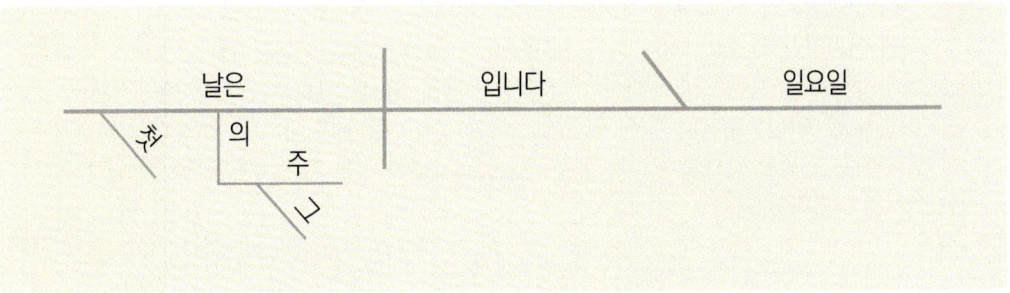

해설 '입니다'가 동사이고 '입니다' 앞에 붙어 나온 '일요일'이 보어야.
  '첫'은 어미가 자음으로 끝나서 형용사야. '주의'는 속격 '의' 앞에 온 '주'가 무생물 명사이므로 형용사구야. '그'는 관사형용사로 '주'를 꾸며.

첫/날은/의/그/주/입니다/일요일.
The first day of the week is Sunday.

> **해설** 형용사구는 명사 다음에 와야 하므로 주어 '날은' 다음에 형용사구 '그 주의'를 써. 서수 앞에는 관사 the를 쓰므로 서수 first 앞에 the가 온 거야.

first 첫, 첫 번째의, 최초의   day 날, 하루   week 주, 1주간   Sunday 일요일

예문 6 그것은 나쁜 마법사의 성이었습니다.

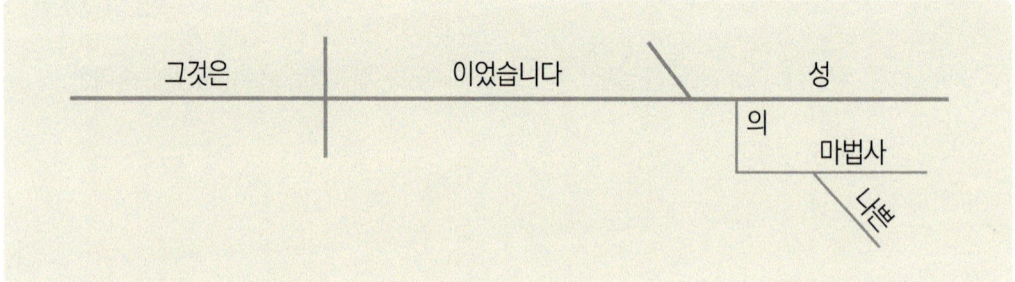

> **해설** '이었습니다'가 '습니다'의 과거로 동사야.(우리말은 과거를 '었'으로 나타내.) 그리고 '이었습니다' 앞에 붙어 나온 '성'이 보어야.
> '마법사의'는 속격 '의' 앞에 온 '마법사'가 생물 명사이므로 형용사로 해야 되지만, '마법사'를 꾸미는 형용사 '나쁜'이 있으므로 형용사구로 해야 돼. '의' 앞에 생물 명사가 오더라도 그 생물 명사를 꾸미는 형용사나 형용사구가 있을 때는 무생물 명사처럼 형용사구로 만들어야 돼.

 그것은/이었습니다/성/의/나쁜/마법사.
It was the castle of a bad wizard.

castle 성, 요새   of ~의, ~에서   bad 나쁜, 해로운   wizard 마법사, 요술쟁이

예문 7   이 질문은 여러분들에게 매우 어렵습니다.

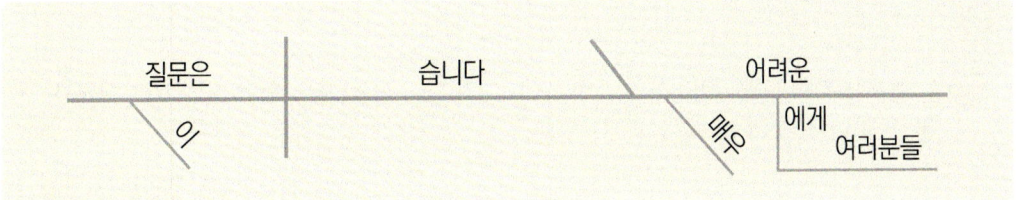

해설   '어렵습니다'가 '어떠어떠하다'라는 상태를 나타내는 형용사이므로 동사 '습니다'와 형용사 보어 '어려운'으로 나누어야 해.
　부사 '매우'와 부사구 '여러분들에게'는 형용사 '어려운'을 꾸며. 왜냐하면 부사나 부사구는 형용사나 동사를 뛰어넘지 못하기 때문이야.
　'이'는 어미가 모음으로 끝났지만 예외 지시형용사로 '질문'을 꾸며.

 이/질문은/습니다/매우/어려운/에게/여러분들.
This question is very difficult to you.

question 질문, 물음, 문제   difficult 어려운   to (어떤 행동의 영향을 받는 대상을 나타냄) ~에게   you 너, 당신, 여러분

예문 8   그 소녀는 아름다운 하얀 꽃이 되었습니다.

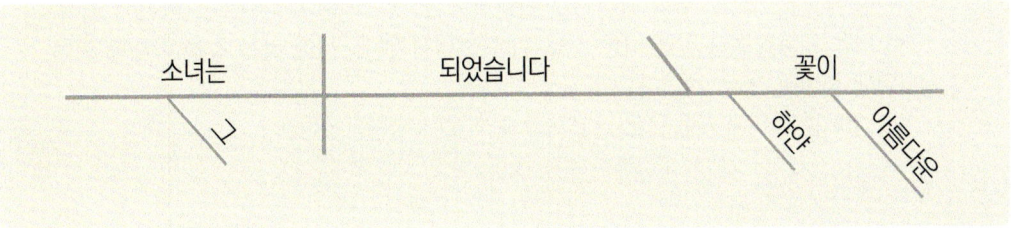

해설   '되었습니다'가 '되다'의 과거로 동사이고, '되었습니다' 앞에 나온 '꽃이'가 명사로 보어야.
　'하얀'과 '아름다운'은 어미가 자음으로 끝나서 형용사이고, '그'는 관사형용사야.

4. 문장(동사)의 형식 ·· 65

그/소녀는/되었습니다/아름다운/하얀/꽃이.
The girl became a beautiful white flower.

> **해설** 형용사는 우리말과 영어가 어순이 같아. 그러므로 '아름다운' '하얀'의 순서로 형용사를 쓰고 나서 '꽃이'를 써

become(became, become) ~이/가 되다   beautiful 아름다운, 예쁜, 고운
white 하얀, 흰   flower 꽃

예문 9 그녀의 옷은 낡고 지저분하였습니다.

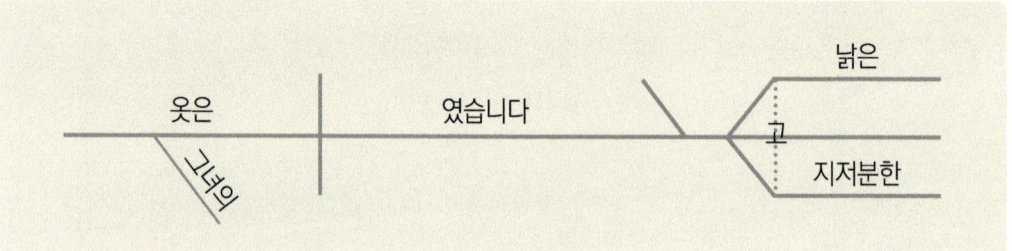

> **해설** '지저분하였습니다'가 '어떠어떠하다'라는 상태를 나타내는 형용사이므로 동사 '였습니다'와 형용사 보어 '지저분한'으로 나누어야 해. 그런데 대등접속사 '고'가 형용사 '낡은'과 '지저분한'을 연결하므로 보어가 두 개야. 그래서 보어선 위아래로 나란히 선을 두 개 그리고, 수직 점선으로 연결하고서 '〈' 이런 모양으로 보어선에 붙여. 그런 다음 대등접속사 앞에 나온 것을 위쪽 보어선 위에, 뒤에 나온 것을 아래쪽 보어선 위에 써넣어.
> '그녀의'는 어미가 모음으로 끝났지만 예외로 속격형용사야.

 그녀의/옷은/였습니다/낡은/고/지저분한.
Her clothes were old and dirty.

clothes 옷, 의복   old 낡은, 오래된, 늙은   dirty 지저분한, 더러운

예문 10 ▶ 그 아름다운 부인은 그들에게 매우 친절하였습니다.

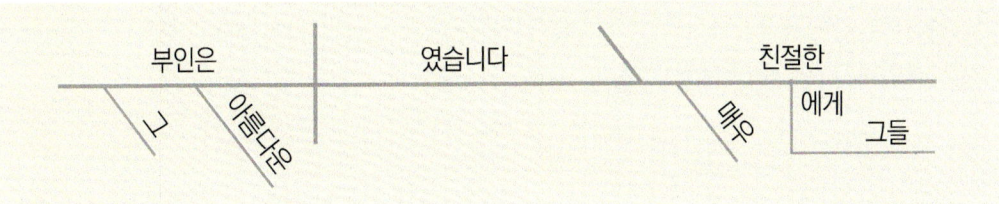

 '친절하였습니다'는 '어떠어떠하다'라는 상태를 나타내는 형용사이므로 동사 '였습니다'와 형용사 보어 '친절한'으로 나누어야 해.
　부사나 부사구는 형용사나 동사를 뛰어넘지 못하므로 부사 '매우'와 부사구 '그들에게'는 형용사 '친절한'을 꾸며.

그/아름다운/부인은/였습니다/매우/친절한/에게/그들.
The beautiful woman was very kind to them.

woman 부인, 여자, 여인　　kind 친절한　　to ~에게, ~에, ~으로, ~까지

연습문제

1. 그것은 매우 놀라운 소식이었습니다.

___

2. 그녀의 얼굴은 눈처럼 희었습니다.

___

3. 그것들은 매우 맛있는 사과입니다.

___

4. 내 여행은 좋은 추억들로 가득합니다.

___

5. 이 호수의 느낌은 매우 평화롭습니다.

6. 그 책의 표지는 빨간색입니다.

7. 그녀의 눈은 크고 아름다웠습니다.

8. 프리그는 사랑과 결혼의 여신이었습니다.

9. 그의 아내는 몇 주일동안 매우 행복하였습니다.

10. 그와 그의 친구들은 이 계획에 만족하였습니다.

해 답

1.

그것은	이었습니다 \ 소식

(소식 아래: 놀라운, 매우)

> 그것은/이었습니다/매우/놀라운/소식.
> It was very surprising news.

surprising 놀라운, 놀랄 만한   news 소식, 보도

2.

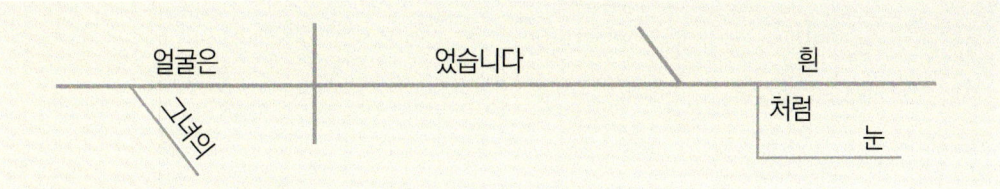

- 그녀의/얼굴은/었습니다/흰/처럼/눈.
  Her face was white like snow.

  face 얼굴   white 흰, 하얀   like ~처럼, ~와 마찬가지로, 좋아하다   snow 눈

3.

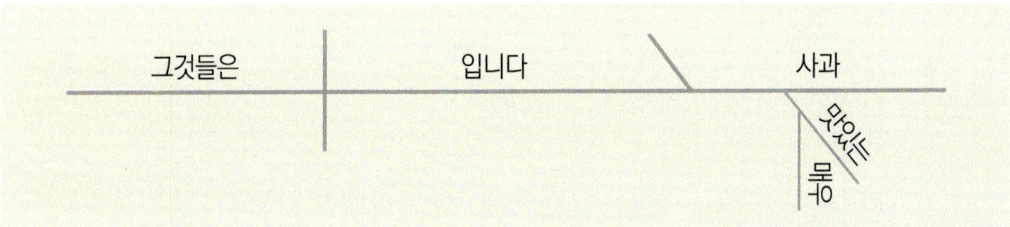

- 그것들은/입니다/매우/맛있는/사과.
  They are very delicious apples.

  they 그것들이(은), 그들이(은)   delicious 맛있는, 맛좋은   apple 사과

4.

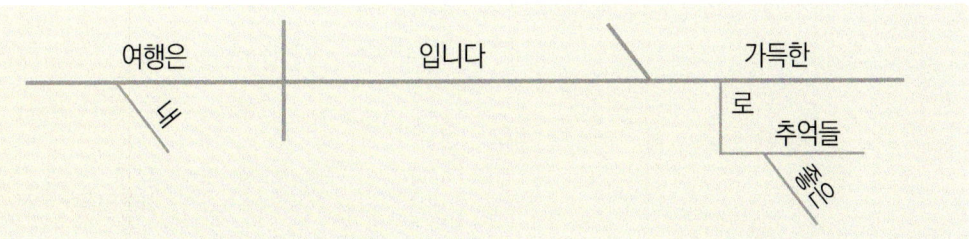

- 내/여행은/입니다/가득한/로/좋은/추억들
  My trip is full of good memories.

  trip 여행(특히 짧고, 관광이나 어떤 특정한 목적을 위한 것)   full 가득한   good 좋은
  memory 기억, 추억   be full of~ ~으로 가득하다

5.

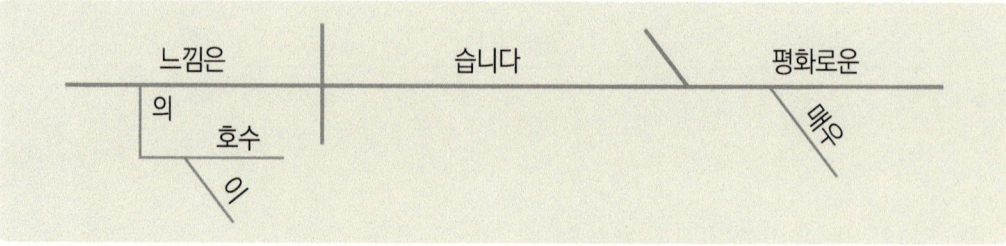

> 느낌은/의/이/호수/습니다/매우/평화로운.
  The feeling of this lake is very peaceful.

feeling 느낌, 기분, 감정   lake 호수   peaceful 평화로운, 평온한, 평화적인

6.

> 표지는/의/그/책/입니다/빨간색.
  The cover of the book is red.

cover 표지, 덮개   book 책   red 빨간, 붉은

7.

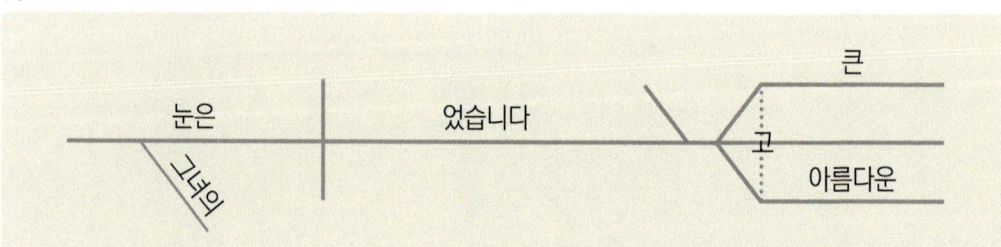

> 그녀의/눈은/었습니다/큰/고/아름다운.
  Her eyes were big and beautiful.

eye 눈   big 큰, 커다란   beautiful 아름다운, 예쁜, 고운

8.

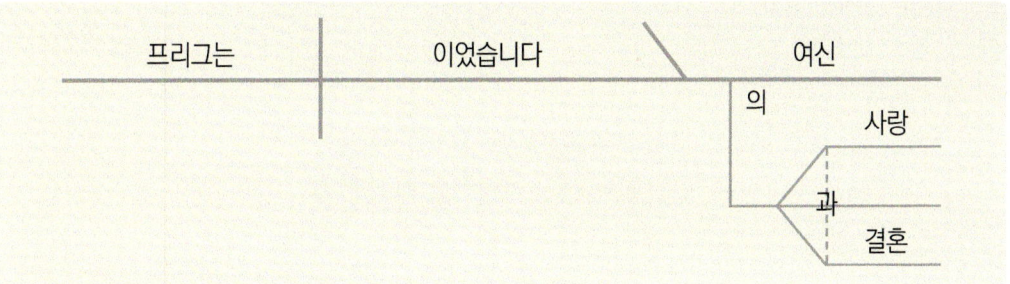

> 프리그는/이었습니다/여신/의/사랑/과/결혼.
> Frigg was the goddess of love and marriage.

Frigg 프리그(여신 중 최고의 신)   goddess 여신   love 사랑, 사랑하다   marriage 결혼

9.

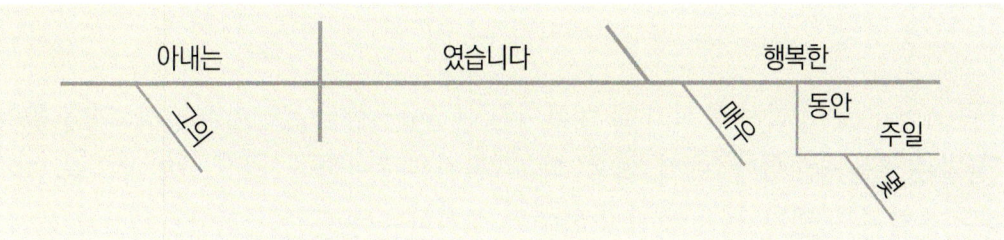

> 그의/아내는/였습니다/매우/행복한/동안/몇/주일.
> His wife was very happy for some weeks.

happy 행복한, 기쁜   for ~동안, ~에, ~을 위해   some 약간의, 몇몇의   week 주, 일주일

10.

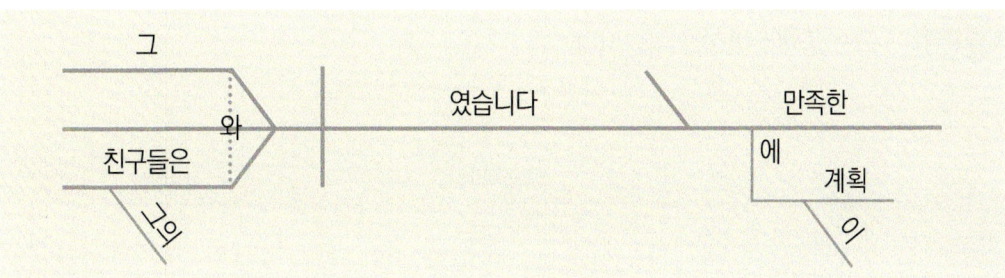

> 그/와/그의/친구들은/였습니다/만족한/에/이/계획.
> He and his friends were pleased with this plan.

friend 친구, 동무, 벗   pleased 기뻐하는, 만족한   with ~에, ~과/와 (함께)   plan 계획

4. 문장(동사)의 형식 ·· 71

3. 완전타동사(3형식)

주어 · 동사 · 목적어

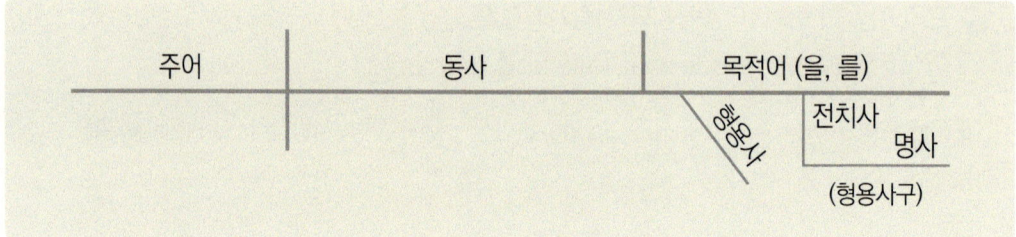

　주요소가 '주어·동사·목적어'로 이루어진 문장을 3형식 문장이라고 해. 예를 들어 "꿀벌은 꿀을 좋아한다."에서 '꿀을' 빼고 "꿀벌은 좋아한다."라고 하면 무엇을 좋아하는지 알 수가 없지. 이처럼 '좋아한다'는 좋아하는 대상 즉 목적어를 필요로 해.
　이와 같이 목적어를 필요로 하는 동사를 완전타동사라고 하지.
　목적어가 될 수 있는 말은 명사(대명사)이고, 그 격은 반드시 목적격이야. 우리말에서는 목적격토씨 '을, 를'이 붙어.
　목적어 표시는 수직선으로 동사선 위에 표시해.

예문 1 그는 7시에 아침을 먹습니다.

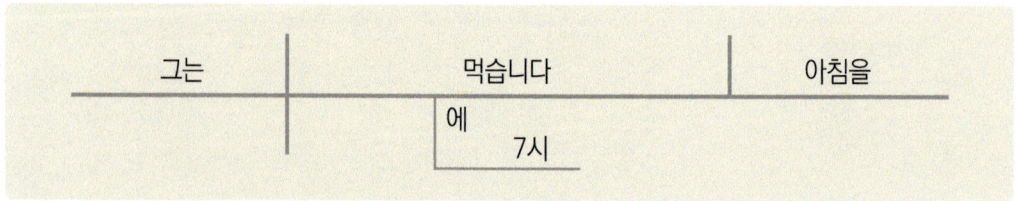

해설 '그는'이 주격토씨 '는'이 왔으므로 주어이고, '먹습니다'가 동사 어미 '다'로 끝나서 동사. 그리고 동사 '먹습니다' 앞에 목적격토씨 '을, 를' 가운데 '을'이 왔으므로 '아침을'

이 목적어야. 그래서 동사선 위에 수직선으로 목적어를 표시하고 목적어 자리에 '아침을'을 써넣어. 그런 다음에 동사 쪽에서부터 한 어절씩 어미가 자음인가 모음인가를 판별하여 그려 넣으면 돼.
  '7시에'는 어미가 모음으로 끝났고 그러한 부사가 없으므로 부사구야.

 그는/먹습니다/아침을/에/7시.
He has breakfast at seven (o'clock).

해설 어순은 주어·동사·목적어를 쓰고서 부사·부사구 순으로 써. 그래서 '먹습니다' 다음에 목적어 '아침을'을 쓰고 나서, 부사구 '7시에'를 쓴 거야.

have 먹다, 마시다, 가지다   breakfast 아침식사, 조반   at (시간) ~에   seven 7   o'clock 시

예문 2 양호는 도서관에서 저 책들을 읽을 것입니다.

양호는 | 읽을 것입니다 | 책들을
        에서
        도서관
        저

해설 동사 '읽을 것입니다'는 '읽다'에 조동사 will(~할/일 것이다)의 의미가 덧붙여진 것이야. 그리고 동사 '읽을 것입니다' 앞에 목적격토씨 '을, 를' 가운데 '을'이 왔으므로 '책들을'이 목적어지. 그래서 동사선 위에 수직선으로 목적어를 표시하고 목적어 자리에 '책들을'을 써넣어.
  '저'는 어미가 모음 'ㅓ'로 끝났지만 예외로 지시형용사이고, '도서관에서'는 어미가 모음으로 끝나서 부사구야.

 양호는/읽을 것입니다/저/책들을/에서/도서관.
Yang-ho will read those books in the library.

will ~할 것이다, ~일 것이다   read(read, read) 읽다, 읽어 주다   those 저, 저것들
in (지역·공간 내의) ~에/에서   library 도서관

예문 3 ▶ 창주와 그의 동생은 TV로 축구를 보고 있습니다.

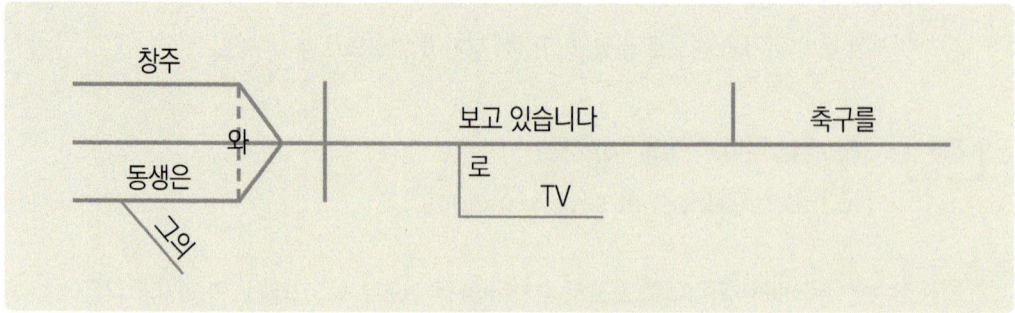

 대등접속사 '와'가 '창주'하고 '동생'을 연결하므로 주어가 둘이야. 그래서 주어선 위 아래로 나란히 선을 두 개 그리고, 수직 점선으로 연결하고서 '〉' 이런 모양으로 주어 선에 붙여. 그런 다음 대등접속사 앞에 나온 것을 위쪽 주어선 위에, 뒤에 나온 것을 아래쪽 주어선 위에 써넣어.
　　동사 '보고 있습니다' 앞에 목적격토씨 '를'이 왔으므로 '축구를'이 목적어이고, 'TV 로'는 어미가 모음으로 끝나서 부사구야.

창주/와/그의/동생은/보고 있습니다/축구를/로/TV.
Chang-ju and his brother are watching soccer on TV.

brother 형, 오빠, 남동생   watch 보다, 지켜보다, 주시하다   soccer 축구
on (수단·방법·도구) ~으로, ~에 의하여

예문 4 ▶ 마이클은 학교에서 축구와 테니스를 합니다.

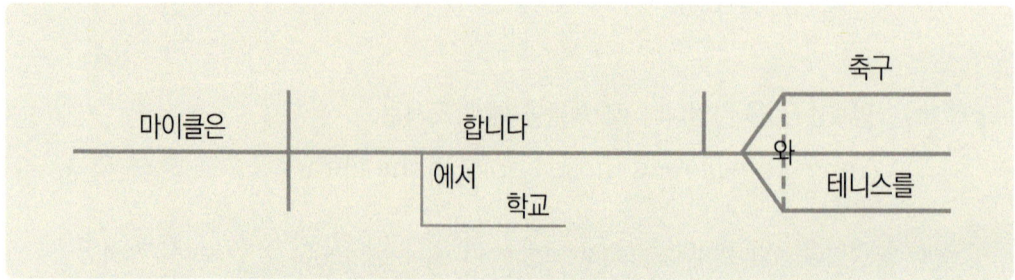

> **해설** 동사 '합니다' 앞에 목적격토씨 '를'이 왔으므로 '테니스를'이 목적어인데, 대등접속사 '와'가 '축구'하고 '테니스'를 연결하므로 목적어가 두 개야. 그래서 목적어선 위아래로 나란히 선을 두 개 그리고, 수직 점선으로 연결하고서 '⟨' 이런 모양으로 목적어선에 붙여. 그런 다음 대등접속사 앞에 나온 것을 위쪽 목적어선 위에, 뒤에 나온 것을 아래쪽 목적어선 위에 써넣어.
> '학교에서'는 어미가 모음으로 끝났으므로 부사구야.

 마이클은/합니다/축구/와/테니스를/에서/학교.
Michael plays football and tennis in school.

Michael 마이클(남자 이름)   play 놀다, (게임, 놀이, 경기 등을) 하다
football 축구, 미식 축구   tennis 테니스, 정구

예문 5 당신은 오늘 그 일을 끝마칠 수 없습니다.

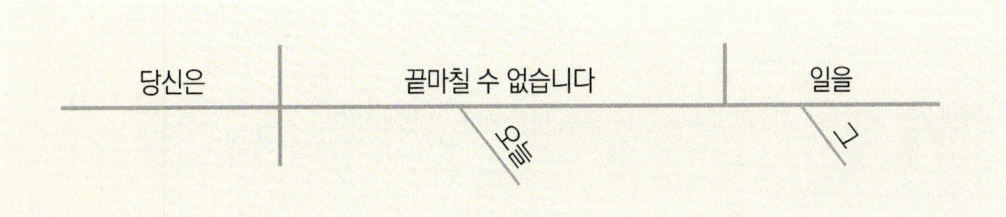

> **해설** '끝마칠 수 없습니다'가 '끝마칠 수 있습니다'의 부정으로 동사야. 그리고 동사 '끝마칠 수 없습니다' 앞에 목적격토씨 '을'이 왔으므로 '일을'이 목적어지.
> '그'는 관사형용사이고, '오늘'은 어미가 자음으로 끝났지만 예외로 시간부사야.

 당신은/끝마칠 수 없습니다/그/일을/오늘.
You can't finish the work today.

can ~할 수 있다   finish 끝마치다, 완성하다   work 일, 일하다   today 오늘

예문 6   내 누나들은 길에서 그들의 친구들을 만났습니다.

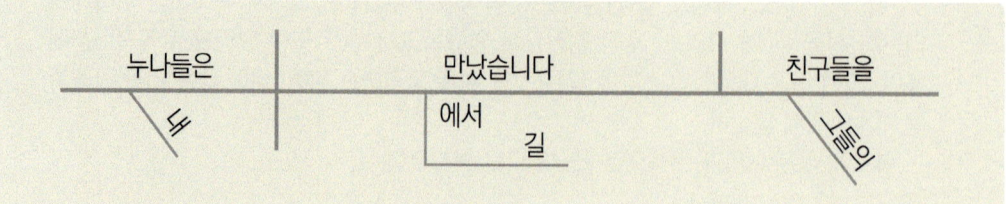

해설   동사 '만났습니다' 앞에 목적격토씨 '을'이 왔으므로 '친구들을'이 목적어야.
'그들의'는 어미가 모음으로 끝났지만 예외로 속격형용사이고, '길에서'는 어미가 모음으로 끝났으므로 부사구지.
'내'는 어미가 모음으로 끝났지만 '나의'가 줄어든 속격형용사야

 내/누나들은/만났습니다/그들의/친구들을/에서/길.
My sisters met their friends on the street.

> my 나의   sister 누나   meet(met, met) 만나다, 마주치다   their 그(것)들의
> friend 친구, 벗, 동무   on ~(위)에, ~에서   street 길, 거리, 도로

예문 7   그녀는 자기 방에서 그녀의 숙제를 하고 있었습니다.

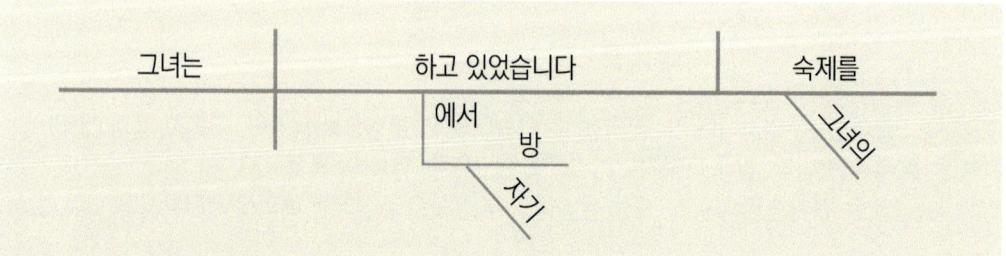

해설   '하고 있었습니다'는 과거를 나타내는 '었'과 진행을 나타내는 '고 있'이 있으므로 과거 진행형이야. 동사 '하고 있었습니다' 앞에 목적격토씨 '를'이 왔으므로 '숙제를'이 목적어지.
'그녀의'는 속격형용사이고, '방에서'는 어미가 모음으로 끝났으므로 부사구네. '자기'는 '자기의'가 줄어든 속격형용사야.

그녀는/하고 있었습니다/그녀의/숙제를/에서/자기/방.
She was doing her homework in her room.

do(did, done) 하다, 행하다   homework 숙제   room 방

예문 8 우리는 자연으로부터 소중한 교훈을 배웠습니다.

 해설 동사 '배웠습니다' 앞에 목적격토씨 '을'이 왔으므로 '교훈을'이 목적어야.
'소중한'은 어미가 자음으로 끝나서 형용사이고, '자연으로부터'는 어미가 모음으로 끝났으므로 부사구네.

우리는/배웠습니다/소중한/교훈을/으로부터/자연.
We learned valuable lesson from nature.

we 우리는   learn 배우다, 익히다   valuable 귀중한, 소중한   lesson 교훈, 과, 수업
from ~로 부터   nature 자연

예문 9 그 가난한 농부는 강가에 조그마한 집을 지었습니다.

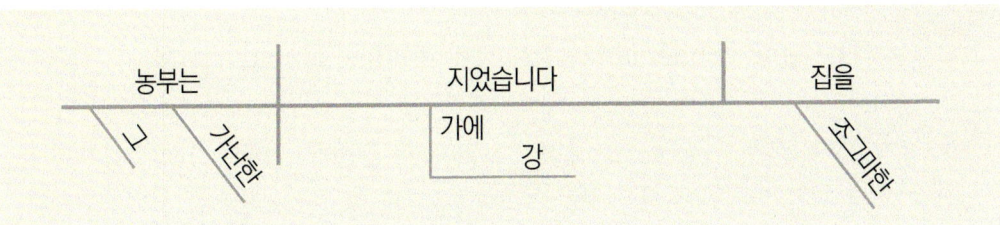

> **해설** 동사 '지었습니다' 앞에 목적격토씨 '을'이 왔으므로 '집을'이 목적어네.
> '조그마한'은 어미가 자음으로 끝나서 형용사이고, '강가에'는 어미가 모음으로 끝났으므로 부사구지.
> '가난한'은 어미가 자음으로 끝나서 형용사이며, '그'는 관사형용사야.

 그/가난한/농부는/지었습니다/조그마한/집을/가에/강.
The poor farmer built a small house beside a river.

> farmer 농부 build(built, built) 짓다, 세우다 small 조그마한, 작은 house 집
> beside ~가에, ~의 곁에서 river 강

예문 10 그 친절한 신사는 오랜 친구처럼 그를 환영했습니다.

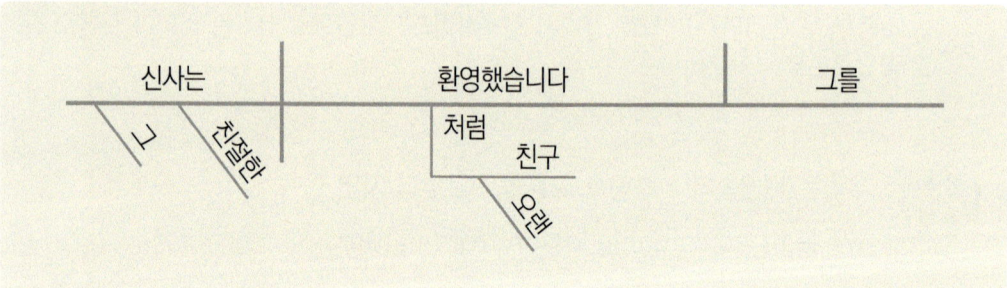

> **해설** 동사 '환영했습니다' 앞에 목적격토씨 '를'이 왔으므로 '그를'이 목적어지.
> '친구처럼'은 어미가 자음으로 끝났지만 예외로 방법 표시 부사구야. '오랜'은 어미가 자음으로 끝나서 형용사네.

 그/친절한/신사는/환영했습니다/그를/처럼/오랜/친구.
The kind gentleman welcomed him like an old friend.

> kind 친절한, 다정한 gentleman 신사 welcome 환영하다, 환영 him 그를
> like ~처럼, 좋아하다 old 늙은, 낡은, 오래된

연습문제

1. 나는 주말에 내 친구들과 농구를 합니다.

2. 그녀는 민지를 자기 친구들에게 소개했습니다.

3. 그 노인은 자기 집으로 그 작은 개를 데려갔습니다.

4. 진주는 피아노로 아름다운 음악을 연주할 수 있습니다.

5. 우리는 정원에서 파티를 열고 있었습니다.

6. 그는 자기 친구들과 함께 산을 오르고 있었습니다.

7. 줄리아는 자기 방으로 하이디를 불렀습니다.

8. 그녀는 그 카페에서 2시에 자기의 친구를 만났습니다.

9. 우리는 이 꿈으로부터 큰 일을 시작할 수 있습니다.

10. 그 귀여운 소녀는 숲속에서 새들과 다람쥐들을 보았습니다.

1.

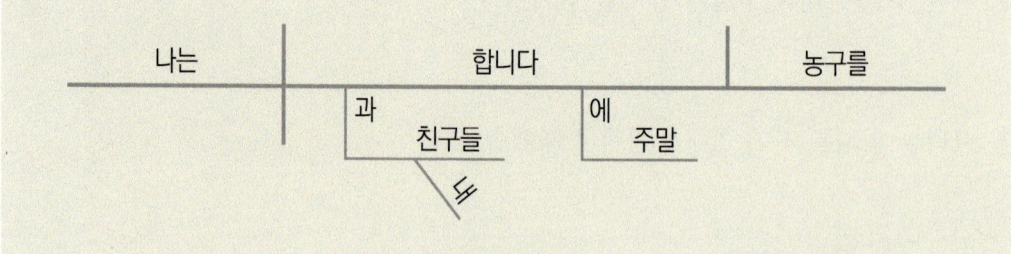

- 나는/합니다/농구를/과/내/친구들/에/주말.
  I play basketball with my friends on weekends.

  play 놀다, (게임, 놀이, 경기 등을) 하다   basketball 농구   friend 친구, 벗   weekend 주말

2.

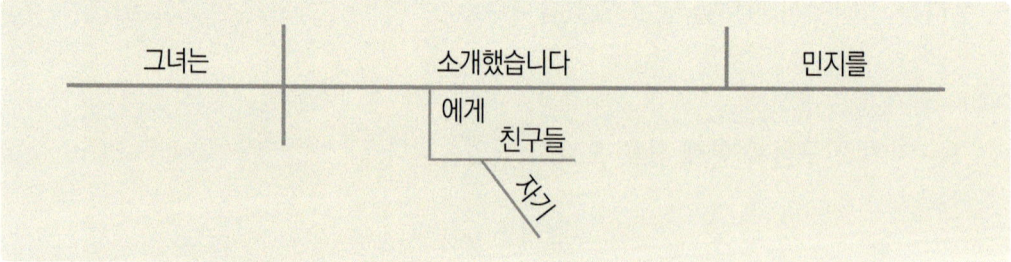

- 그녀는/소개했습니다/민지를/에게/자기/친구들.
  She introduced Min-ji to her friends.

  introduce 소개하다, 안내하다   to ~에게, ~으로, ~에

3.

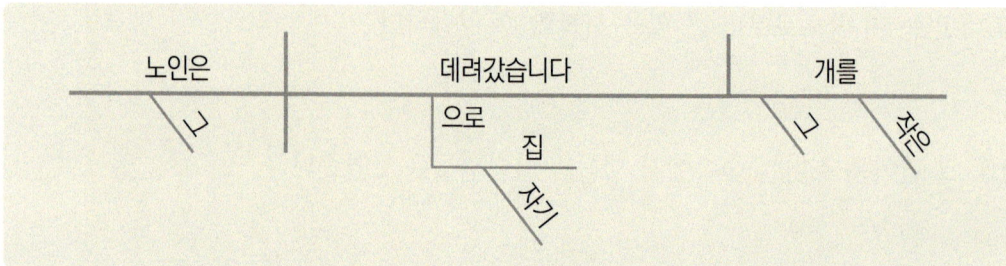

80 ··글틀영어 입문편

◉ 그/노인은/데려갔습니다/그/작은/개를/으로/자기/집.
The old man took the little dog to his home.

old man 노인   take(took, taken) 데려가다, 가져가다   little 작은   dog 개   home 집

4.

```
       진주는    |    연주할 수 있습니다    |    음악을
                         로                      아름다운
                         피아노
```

◉ 진주는/연주할 수 있습니다/아름다운/음악을/로/피아노.
Jin-ju can play beautiful music on a piano.

play 연주하다, 놀다   music 음악   on (수단·방법·도구) ~으로, ~에 의하여   piano 피아노

5.

```
       우리는    |    열고 있었습니다    |    파티를
                         에서
                         정원
```

◉ 우리는/열고 있었습니다/파티를/에서/정원.
We were having a party in the garden.

have 하다, 행하다   party 파티, 사교적인 모임, 회합   garden 정원, 뜰, 가든

6.

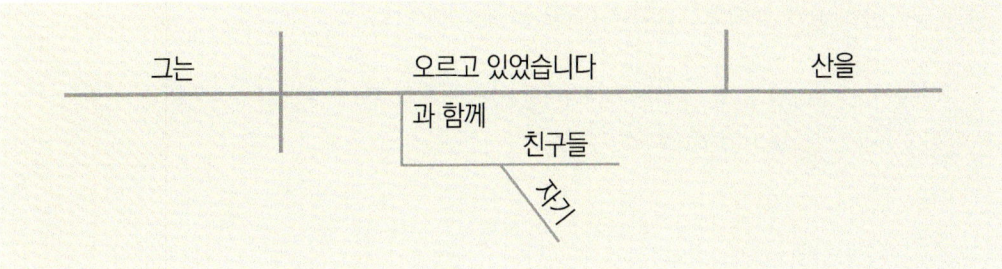

▶ 그는/오르고 있었습니다/산을/과 함께/자기/친구들.
He was climbing a mountain with his friends.

climb 오르다, 등반하다   mountain 산, 산지   with ~와/과 함께, ~와/과 같이

7.

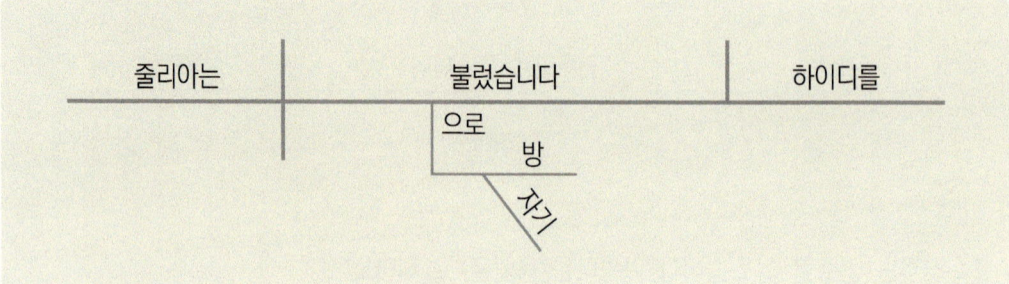

▶ 줄리아는/불렀습니다/하이디를/으로/자기/방.
Julia called Heidi into her room.

Julia 줄리아(여자 이름)   call 부르다, 외치다, 전화하다   Heidi 하이디(여자 이름)   into ~안으로, ~으로   room 방

8.

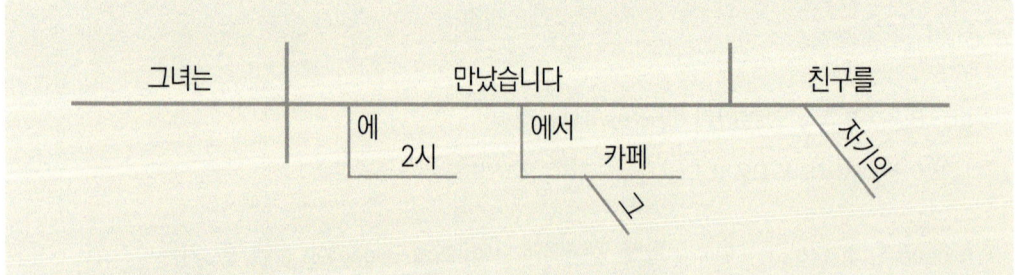

▶ 그녀는/만났습니다/자기의/친구를/에서/그/카페/에/2시.
She met her friend in the cafe at 2 o'clock.

meet(met, met) 만나다, 마주치다   in (장소) ~에/에서, 안에, 속에서   cafe 카페, 커피점
at (시간) ~에, (지점·위치의 한점) ~에서

9.

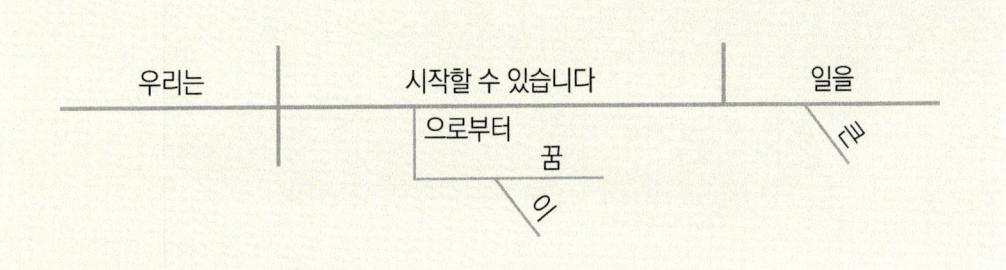

▶ 우리는/시작할 수 있습니다/큰/일을/으로부터/이/꿈.
We can begin a great work from this dream.

begin(began, begun) 시작하다(시작되다), 착수하다   great 큰, 위대한   dream 꿈, 꿈꾸다

10.

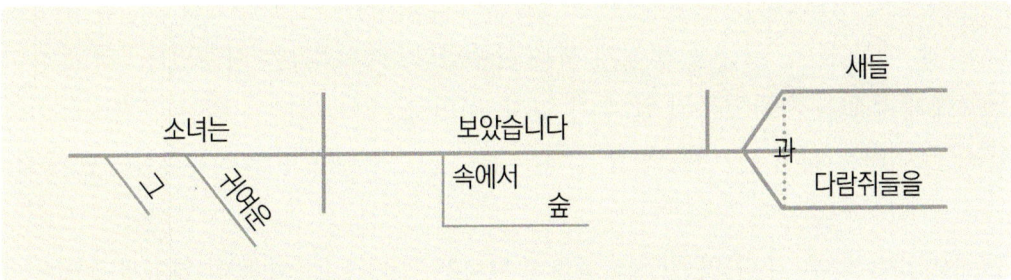

▶ 그/귀여운/소녀는/보았습니다/새들/과/다람쥐들을/속에서/숲.
The pretty girl saw birds and squirrels in the woods.

pretty 귀여운, 예쁜   see(saw, seen) 보다   bird 새   squirrel 다람쥐   woods 숲, 삼림

We live, not as we wish, but as we can.
우리는 산다. 우리가 원하는 대로가 아니라, 우리가 할 수 있는 대로.

4. 수여동사(4형식)

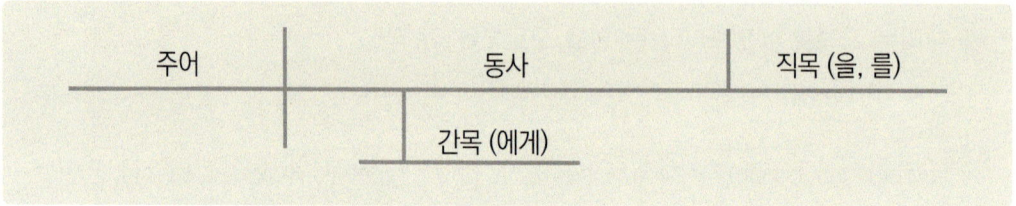

주어 · 동사 · 간접목적어 · 직접목적어

주요소가 '주어·동사·간접목적어·직접목적어'로 이루어진 문장을 4형식 문장이라고 해. 예를 들어 "그는 동생에게 책을 사주었다."에서 "그는 사주었다."라고 하면 누구에게 무엇을 사주었는지 알 수가 없지. 이와 같이 '누구에게'라는 간접목적어와 '무엇을'이라는 직접목적어를 필요로 하는 동사를 수여동사 또는 이중동사라고 하지.

'수여'라는 말은 '주다'의 뜻인데, 4형식 동사는 '주다'는 뜻이 들어 있어서 수여동사라고 하기도 하고, 또 동사가 이중의 뜻이 들어 있어 이중동사라고 하기도 해. '사 주다'에는 '사다'와 '주다'의 뜻이 함께 들어 있어. (읽어 주다=읽다+주다, 불러 주다=부르다+주다) 이와 같이 4형식 동사는 '주다'는 의미가 포함되어 있는 이중의 뜻이 들어 있어.

그런데 give와 ask처럼 '주다'의 뜻을 포함한 이중의 의미가 없는 4형식 동사도 있지. give와 ask는 이중의 의미가 없는데도 간접목적어와 직접목적어가 있으면 4형식이 돼.

그리고 '누구에게'에 해당하는 것을 간접목적어, '무엇을'에 해당하는 것을 직접목적어라고 해. 간접목적어는 생물 명사이며 토씨는 '에게'가 붙고, 직접목적어는 토씨 '을, 를'이 붙어.

간접목적어는 동사 밑에다 '＿|＿' 이런 모양으로 그려. 간접목적어의 위치가 도해상에서는 종요소처럼 보이지만 이것은 종요소가 아니라 주요소야.

예문 1 우리는 당신에게 이 책을 읽어 줄 수 있습니다.

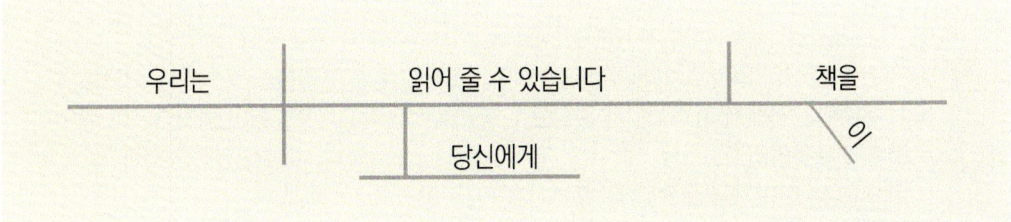

해설 '우리는'이 주격토씨 '는'이 왔으므로 주어이고, '읽어 줄 수 있습니다'가 동사 어미 '다'로 끝나서 동사지. '읽어 줄 수 있습니다(읽다+줄 수 있습니다)'는 '읽어 주다'에 조동사 can(~할 수 있다)의 의미가 덧붙여진 것으로, '주다'의 뜻을 포함한 이중의 의미이므로 4형식 동사야.
'당신에게'가 생물 대명사이고 '에게'라는 토씨가 왔으므로 간접목적어이며, '책을'이 '을'이라는 목적격토씨가 왔으므로 직접목적어네.
주어·동사·간접목적어·직접목적어를 써 넣은 다음에, 동사 쪽에서부터 한 어절씩 어미가 자음인가 모음인가를 판별하여 그려 넣어.
'이'는 어미가 모음으로 끝났지만 예외로 지시형용사야.

 우리는/읽어 줄 수 있습니다/당신에게/이/책을.
We can read you this book.

해설 영어 어순은 주어·동사·간접목적어·직접목적어를 쓰고서 부사·부사구의 순서로 써.

 we 우리는   read(read, read) 읽다, 읽어 주다   you 너는, 당신은, 너를, 당신을, 너에게, 당신에게   this 이, 이것   book 책

예문 2 제 삼촌은 저녁에 저에게 프랑스어를 가르쳐 주십니다.

```
     삼촌은    |    가르쳐 주십니다    |    프랑스어를
       \제              |    에
                  저에게         저녁
```

해설 '가르쳐 주십니다(가르치다+주십니다)'가 '주다'의 뜻을 포함한 이중의 의미이므로 4형식 동사야. '저에게'가 '에게'가 왔으므로 간접목적어이고, '프랑스어를'이 '를'이 왔으므로 직접목적어지.
　　'저녁에'는 어미가 모음으로 끝났으므로 부사구야.
　　'제'는 '저의'가 줄어든 속격형용사지.

한→영 제/삼촌은/가르쳐 주십니다/저에게/프랑스어를/에/저녁.
My uncle teaches me French in the evening.

uncle 삼촌(외삼촌, 고모부, 이모부), 아저씨　　teach(taught, taught) 가르쳐 주다, 가르치다　　me 나에게, 나를　　French 프랑스어　　evening 저녁

예문 3 그들은 나에게 그들의 앨범을 보여 주고 있었습니다.

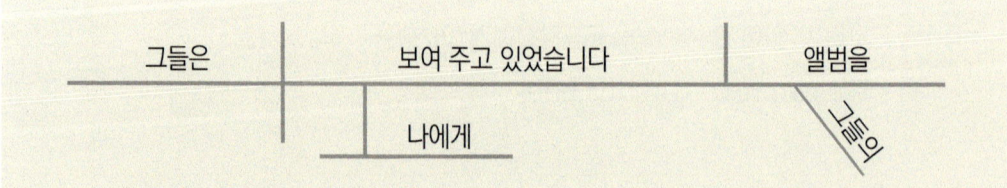

해설 '보여 주고 있었습니다(보다+주고 있었습니다)'가 '주다'의 뜻을 포함한 이중의 의미이므로 4형식 동사야. '나에게'가 '에게'가 왔으므로 간접목적어이고, '앨범을'이 '을'이 왔으므로 직접목적어지.
　　'그들의'는 속격형용사야.

그들은/보여 주고 있었습니다/나에게/그들의/앨범을.
They were showing me their album.

show 보여 주다, 보이다, 나타내다   album 앨범

예문 4 그 어부는 가끔 우리들에게 재미있는 노래를 불러 줍니다.

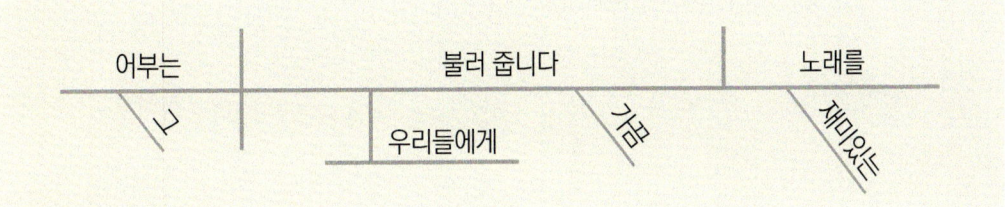

해설 '불러 줍니다(부르다+줍니다)'가 '주다'의 뜻을 포함한 이중의 의미이므로 4형식 동사. '우리들에게'가 '에게'가 왔으므로 간접목적어이고, '노래를'이 '를'이 왔으므로 직접목적어야.
　'재미있는'은 어미가 자음으로 끝나서 형용사이고, '가끔'은 어미가 자음으로 끝났지만 예외로 시간부사야. '그'는 관사형용사지.

 그/어부는/불러 줍니다/우리들에게/재미있는/노래를/가끔.
The fisherman sings us funny songs sometimes.

fisherman 어부   sing(sang, sung) 노래하다, 노래불러 주다   us 우리를, 우리에게
funny 재미있는, 우스운   song 노래   sometimes 가끔, 때때로

예문 5 그는 그들에게 그들의 목적지를 물었습니다.

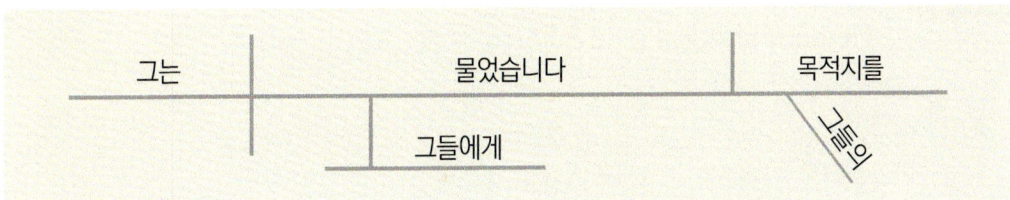

'물었습니다(asked)'는 이중의 의미가 아니지만 간접목적어(~에게)와 직접목적어(~을, 를)가 있으면 4형식이 되는 동사야. '그들에게'가 '에게'가 왔으므로 간접목적어이고, '목적지를'이 '를'이 왔으므로 직접목적어지.
　'그들의'는 속격형용사야.

그는/물었습니다/그들에게/그들의/목적지를.
He asked them their destination.

ask 묻다, 요청하다, 부탁하다　　them 그들에게, 그들을　　destination 목적지

 그는 그녀에게 멋진 화려한 스카프를 사 주었습니다.

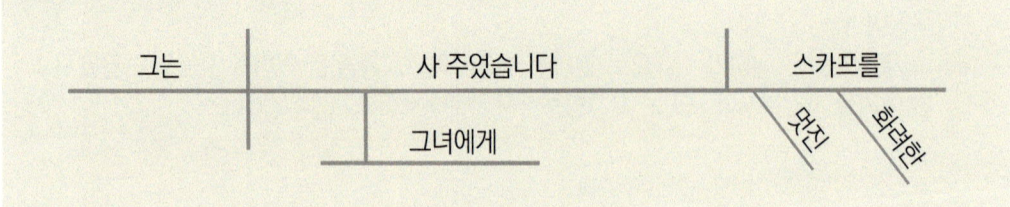

 '사 주었습니다(사다+주었습니다)'가 '주다'의 뜻을 포함한 이중의 의미이므로 4형식 동사야. '그녀에게'가 간접목적어이고, '스카프를'이 직접목적어지.
　'화려한'은 어미가 자음으로 끝나서 형용사야. '멋진'도 어미가 자음으로 끝나서 형용사.

그는/사 주었습니다/그녀에게/멋진/화려한/스카프를.
He bought her a nice colorful scarf.

buy(bought, bought) 사 주다, 사다, 구입하다　　nice 멋진, 즐거운, 좋은
colorful 화려한, 다채로운　　scarf 스카프, 목도리

예문 7 그는 그녀의 생일에 그녀에게 예쁜 빨간 장미를 주었습니다.

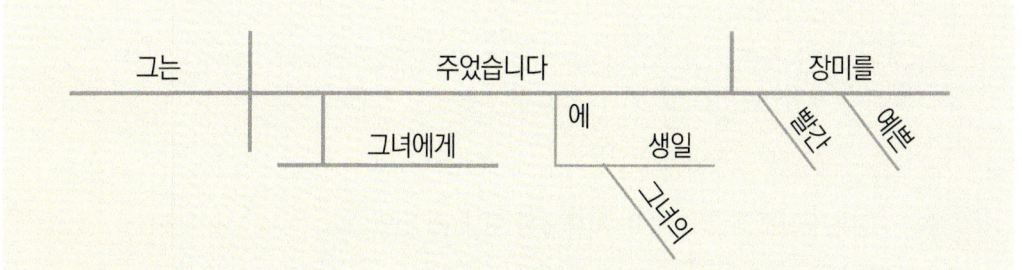

 '주었습니다(gave)'는 이중의 의미가 아니어도 간접목적어(~에게)와 직접목적어(~을, 를)가 있으면 4형식이 되는 동사야. '그녀에게'가 '에게'가 왔으므로 간접목적어이고, '장미를'이 '를'이 왔으므로 직접목적어지.
　　'빨간'과 '예쁜'은 어미가 자음으로 끝나서 형용사이고, '생일에'는 어미가 모음으로 끝나서 부사구이며, '그녀의'는 속격형용사야.

그는/주었습니다/그녀에게/예쁜/빨간/장미를/에/그녀의/생일.
He gave her pretty red roses on her birthday.

give(gave, given) 주다　　her 그녀의, 그녀를, 그녀에게　　pretty 예쁜, 고운, 귀여운
red 빨간, 붉은　　rose 장미　　on (요일·날짜·때를 나타내어) ~에　　birthday 생일

예문 8 제 할아버지께서는 저에게 많은 재미있는 이야기를 해 주십니다.

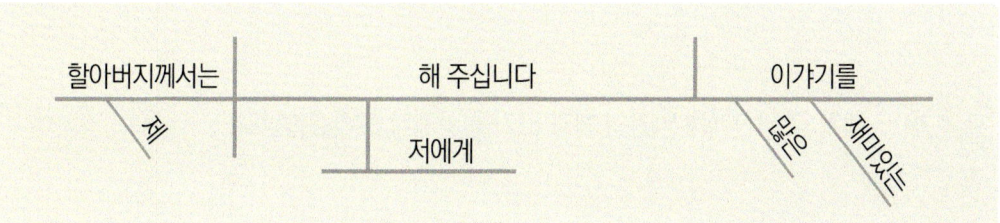

 '해 주십니다(하다+주십니다)'가 '주다'의 뜻을 포함한 이중의 의미이므로 4형식 동사야. '저에게'가 간접목적어이고, '이야기를'이 직접목적어지.
　　'제'는 '저의'가 줄어든 속격형용사야

제/할아버지께서는/해 주십니다/저에게/많은/재미있는/이야기를.
My grandfather tells me many interesting stories.

grandfather 할아버지   tell(told, told) 말해 주다, 이야기해 주다   many 많은
interesting 재미있는, 흥미로운   story 이야기

예문 9 그녀가 나중에 그에게 이 서류들을 보내 줄 것입니다.

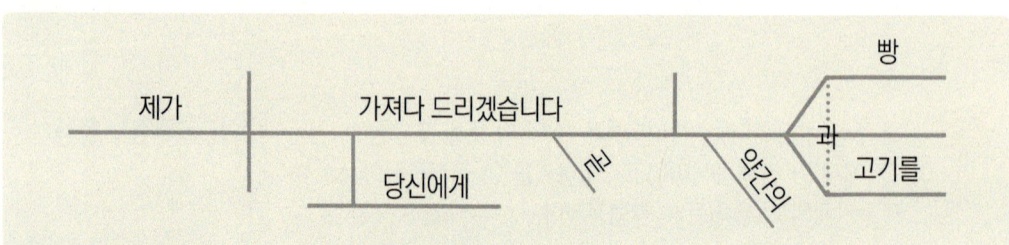

해설 '보내 줄 것입니다(보내다+줄 것입니다)'는 '보내 주다'에 조동사 will(~할/일 것이다)의 의미가 덧붙여진 것으로, '주다'의 뜻을 포함한 이중의 의미이므로 4형식 동사야. '그에게'가 간접목적어이고, '서류들을'이 직접목적어지.
　'이'는 어미가 모음으로 끝났지만 예외로 지시형용사이고, '나중에'는 어미가 모음으로 끝나서 부사야.

 그녀가/보내줄 것입니다/그에게/이/서류들을/나중에.
She will send him these papers later.

send(sent, sent) 보내 주다, 보내다, 전하다   papers 서류   later 나중에, 더 늦은

예문 10 제가 곧 당신에게 약간의 빵과 고기를 가져다 드리겠습니다.

> **해설** '가져다 드리겠습니다(가져오다+드리겠습니다)'는 '가져다 드리다'에 조동사 will(~하겠다)의 의미가 덧붙여진 것으로, '주다'의 뜻을 포함한 이중의 의미이므로 4형식 동사야.
> 　'당신에게'가 간접목적어이고, '빵과 고기를'이 직접목적어인데, 대등접속사 '과'가 '빵'하고 '고기'를 연결하므로 직접목적어가 두 개야.
> 　'약간의'는 수량을 나타내는 형용사로 빵과 고기 둘 다 꾸며. 그래서 가운데 목적어선 밑에 빗금으로 형용사를 그리고 '약간의'를 써넣어.
> 　'곧'은 어미가 자음으로 끝났지만 예외로 시간부사야.

 제가/가져다 드리겠습니다/당신에게/약간의/빵/과/고기를/곧.
I will bring you some bread and meat soon.

bring(brought, brought) 가져다 주다, 가져오다　some 약간의, 얼마간의　bread 빵
meat 고기　soon 곧, 머지않아

연습문제

1. 그녀는 어제 복순이에게 멋진 선물을 골라 주었습니다.

2. 그가 당신에게 매우 아름다운 그림을 보여 줄 것입니다.

3. 우리는 당신에게 이 포스터를 줄 수 있습니다.

4. 그녀는 나에게 생일 선물을 주지 않았습니다.

5. 그는 자기 학생들에게 많은 것들을 가르쳐 주었습니다.

6. 그녀는 자기 방에서 나에게 자기의 보석을 보여 주고 있었습니다.

7. 나는 너에게 내 예쁜 빨간 구두를 주겠다.

8. 그 착한 소녀는 자기 동생에게 예쁜 인형을 사 주었습니다.

9. 내 친구가 어제 나에게 자기 자전거를 빌려주었습니다.

10. 나는 너에게 금이나 보석을 주지 않을 것이다.

1.

그녀는	골라 주었습니다		선물을
	복순이에게	어제	멋진

▶ 그녀는/골라 주었습니다/복순이에게/멋진/선물을/어제.
She chose Bok-sun a nice present yesterday.

choose(chose, chosen) 골라 주다, 고르다, 선택하다   present 선물   yesterday 어제

2.

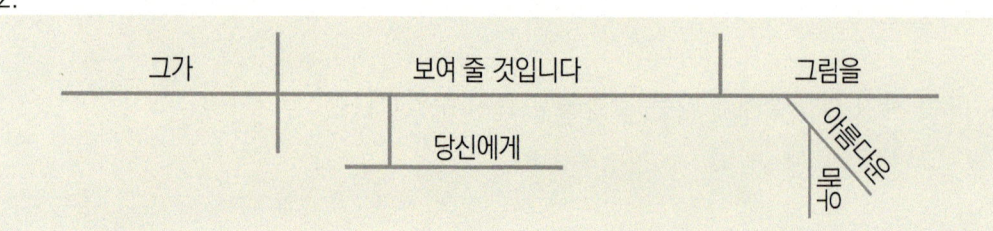

▶ 그는/보여 줄 것입니다/당신에게/매우/아름다운/그림을.
He will show you a very beautiful picture.

show 보여 주다, 보이다, 나타내다   beautiful 아름다운, 예쁜   picture 그림, 사진

3.

우리는	줄 수 있습니다	포스터를
	당신에게	이

▶ 우리는/줄 수 있습니다/당신에게/이/포스터를.
We can give you this poster.

can ~할 수 있다   give(gave, given) 주다, 기부하다   poster 포스터, 전단 광고

4.

그녀는	주지 않았습니다	선물을
	나에게	생일

▶ 그녀는/주지 않았습니다/나에게/생일/선물을.
She did not give me a birthday present.

birthday 생일   present 선물, 현재의, 참석한

5.

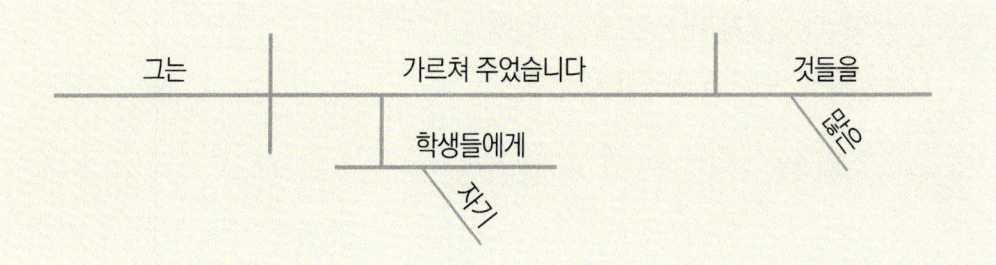

▶ 그는/가르쳐 주었습니다/자기/학생들에게/많은/것들을.
He taught his students many things.

teach(taught, taught) 가르쳐 주다, 가르치다   student 학생   thing 것, 물건

6.

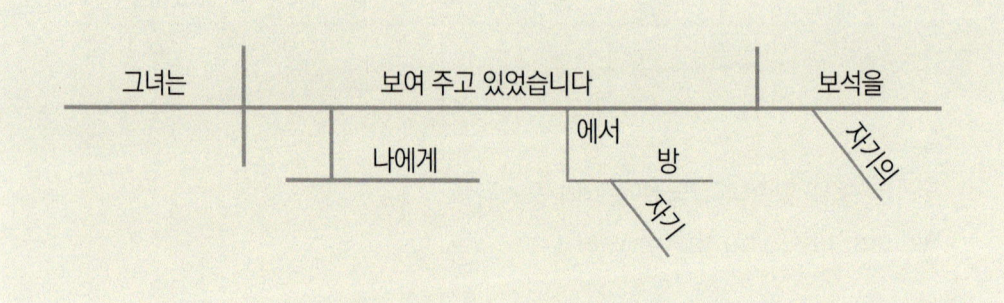

▶ 그녀는/보여 주고 있었습니다/나에게/자기의/보석을/에서/자기/방.
She was showing me her jewels in her room.

show 보여 주다, 보이다, 나타나다   jewel 보석   room 방

7.

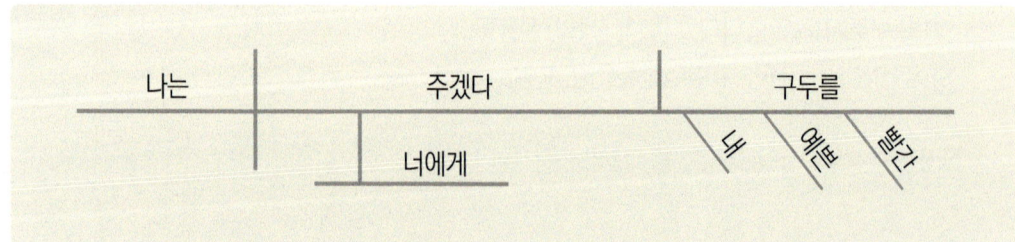

▶ 나는/주겠다/너에게/내/예쁜/빨간/구두를.
I will give you my pretty red shoes.

pretty 예쁜, 고운, 귀여운, 멋진   red 빨간, 붉은   shoe 구두, 신발

8.

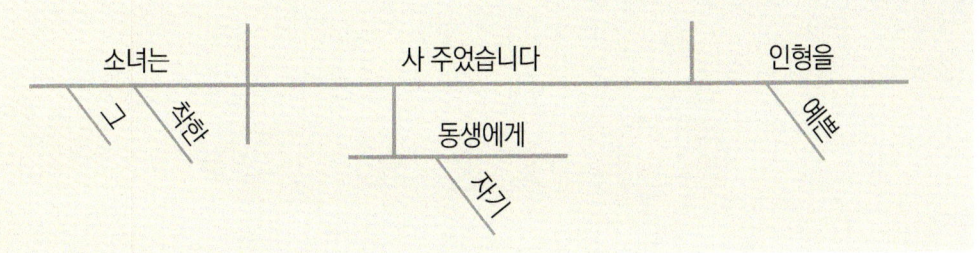

- 그/착한/소녀는/사 주었습니다/자기/동생에게/예쁜/인형을.
  The good girl bought her sister a pretty doll.

  good 착한   girl 소녀   buy(bought, bought) 사 주다   sister 언니, 누나, 여동생, 자매
  pretty 예쁜, 귀여운, 멋진   doll 인형

9.

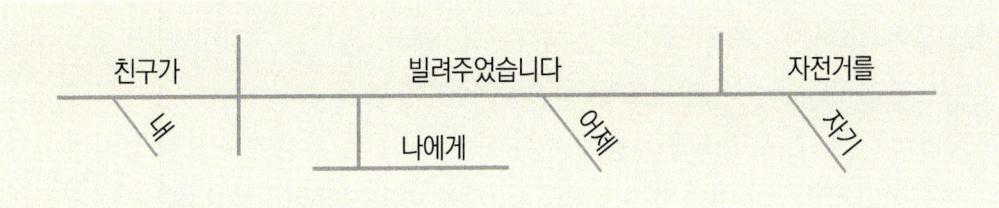

- 내/친구가/빌려주었습니다/나에게/자기/자전거를/어제.
  My friend lent me his bicycle yesterday.

  lend(lent, lent) 빌려주다, 대여하다   bicycle 자전거   yesterday 어제

10.

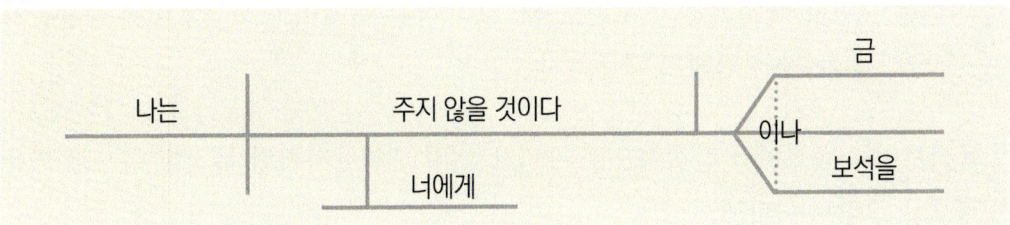

- 나는/주지 않을 것이다/너에게/금/이나/보석을.
  I will not give you gold or jewels.

  gold 금   or 혹은, 또는   jewel 보석

5. 불완전타동사(5형식)

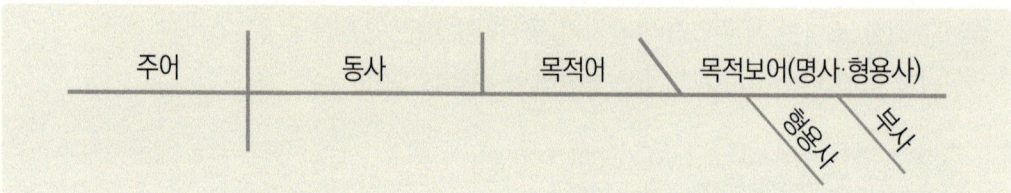

주요소가 '주어·동사·목적어·목적보어'로 이루어진 문장을 5형식 문장이라고 해. 예를 들어 "그녀는 그를 예술가라고 생각한다."에서 "그녀는 생각한다."라고 하면 무엇을 어떻게 생각하는지 제대로 알 수 없어 뜻이 불완전하지. 그러므로 '생각한다'는 목적어 '무엇을'과 목적어를 보충해 주는 말 '어떻게'가 동시에 필요한 동사야. 이와 같이 목적어와 목적보어를 필요로 하는 동사를 불완전타동사라고 해.

목적어를 보충해 주는 말을 목적보어라고 하는데, 목적보어가 될 수 있는 말은 명사와 형용사야. 그리고 우리말에서 목적보어는 '으로, 라고, 것을, 하게, 도록'이라는 토씨가 붙고 동사 바로 앞에 와.

목적어 토씨는 '을, 를'이 원칙이나 5형식 동사(불완전타동사)의 목적어는 주어처럼 '이, 은, 는, 가'라는 토씨가 오기도 해. 그 이유는 목적어와 목적보어는 주술관계(주어·술어 관계)가 성립되기 때문이지.

목적보어는 목적어를 간접적으로 꾸미므로 위 도해에서처럼 목적어 쪽으로 기운 빗금으로 그려서 나타내.

> 목적어와 목적보어는 주술관계가 성립된다.
> 목적보어는 우리말에서 동사 바로 앞에 온다.

예문 1   에스키모인들은 그들의 집을 이글루라고 부릅니다.

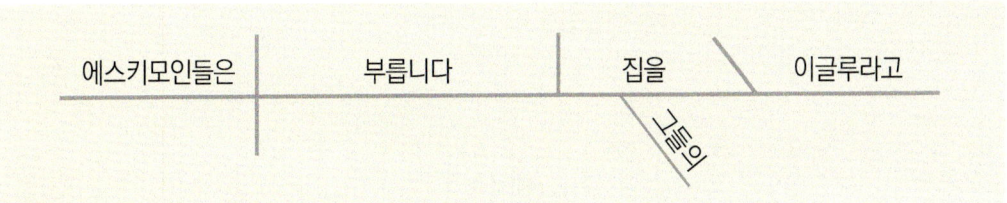

해설   '에스키모인들은'이 주격토씨 '은'이 왔으므로 주어이고, '부릅니다'가 동사 어미 '다'로 끝나서 동사야.
동사 '부릅니다' 바로 앞에 '으로, 라고, 것을, 하게, 도록'이라는 목적보어 토씨 가운데 '라고'가 와서 '이글루라고'가 목적보어이고, '집을'이 목적격토씨 '을'이 왔으므로 목적어야. 그리고 목적어와 목적보어가 '집이 이글루이다'라는 주술(주어·술어)관계가 성립되므로 5형식이지.
주어·동사·목적어·목적보어를 써넣은 다음에, 동사 쪽에서부터 한 어절씩 어미가 자음인가 모음인가를 판별하여 나가면 돼.
'그들의'는 속격형용사야.

 에스키모인들은/부릅니다/그들의/집을/이글루라고.
Eskimos call their homes igloos.

해설   영어 어순은 주어·동사·목적어·목적보어를 쓰고서 부사·부사구의 순서로 써.

Eskimo 에스키모인   call 부르다, 외치다, 전화하다, 부르는 소리, 외침   home 집, 주택
igloo 이글루(북미 대륙 북쪽 지방 이뉴잇(Inuit)족의 눈덩이로 지은 집)

예문 2   밝은 색깔은 환자들을 행복하게 합니다.

| 색깔은 | 합니다 | 환자들을 \ 행복하게 |

밝은

해설 동사 '합니다' 바로 앞에 목적보어 토씨 '하게'가 와서 '행복하게'가 목적보어이고, '환자들을'이 목적격토씨 '을'이 왔으므로 목적어야. 그리고 목적어와 목적보어가 '환자들이 행복하다'라는 주술관계가 성립되므로 5형식이지.
'밝은'은 어미가 자음으로 끝나서 형용사야.

 밝은/색깔은/합니다/환자들을/행복하게.
Bright colors make patients happy.

bright 밝은   color 색깔, 색   make(made, made) (~을 하게) 만들다/하다, (~을 어떻게 되도록)하다   patient 환자   happy 행복한, 즐거운

예문 3 우리는 당신의 아들이 옳다고 믿습니다.

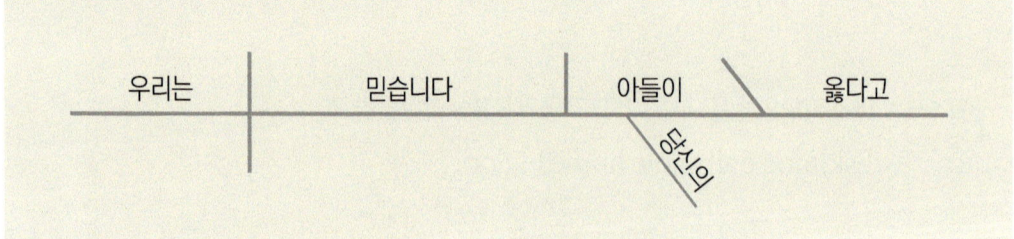

해설 동사 '믿습니다' 바로 앞에 목적보어 토씨 '라고'가 줄어든 '고'가 와서 '옳다고'가 목적보어이고, '아들이'가 목적격토씨 '을' 대신에 '이'가 온 목적어야.
5형식에서는 목적어에 목적격토씨 '을, 를' 대신에 '이, 은, 는, 가'가 오기도 해. 그리고 '당신의 아들이 옳다'라는 주술관계가 성립되므로 5형식이지.
'당신의'는 속격형용사야.

 우리는/믿습니다/당신의/아들이/옳다고.
We believe your son right.

believe 믿다, 신뢰하다   son 아들   right 옳은, 바른, 오른쪽

예문 4 제 아버지께서는 그 벽들을 하얗게 칠하셨습니다.

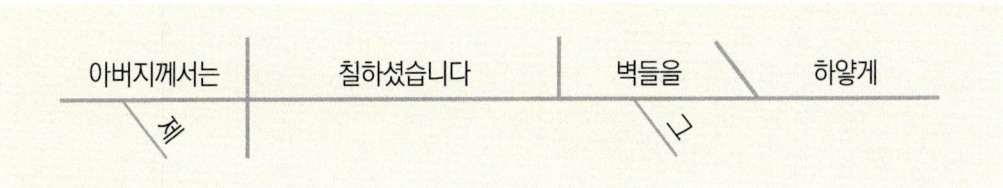

해설 동사 '칠하셨습니다' 바로 앞에 목적보어 토씨 '하게'가 줄어든 '게'가 와서 '하얗게'가 목적보어이고, '벽들을'이 목적어야. 그리고 '벽들이 하얗다'라는 주술관계가 성립되므로 5형식이지.
　'제'는 '저의'가 줄어든 속격형용사야.

제/아버지께서는/칠하셨습니다/그/벽들을/하얗게.
My father painted the walls white.

father 아버지　　paint (색)칠하다, 그림물감　　wall 벽　　white 하얀, 흰, 백색

예문 5 나는 다시 그녀를 어부의 아내로 만들 것입니다.

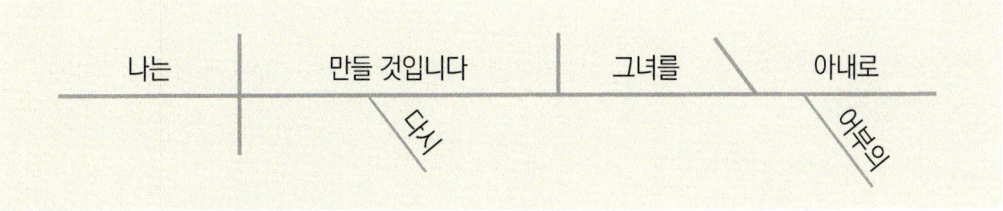

해설 동사 '만들 것입니다' 바로 앞에 목적보어 토씨 '(으)로'가 와서 '아내로'가 목적보어이고, '그녀를'이 목적어야. 그리고 '그녀는 어부의 아내이다'라는 주술관계가 성립되므로 5형식이지.
　'어부의'는 어미가 모음으로 끝났지만, 예외로 속격형용사야.
　'다시'는 어미가 모음으로 끝나서 부사야.

나는/만들 것입니다/그녀를/어부의/아내로/다시.
I will make her a fisherman's wife again.

해설 영어 어순은 주어·동사·목적어·목적보어 다음에 부사, 부사구 순서로 써.

> fisherman 어부, 낚시꾼   wife 아내, 부인, 마누라   again 다시, 또

예문 6 여러분은 여러분의 몸을 밤에 따뜻하게 유지해야 합니다.

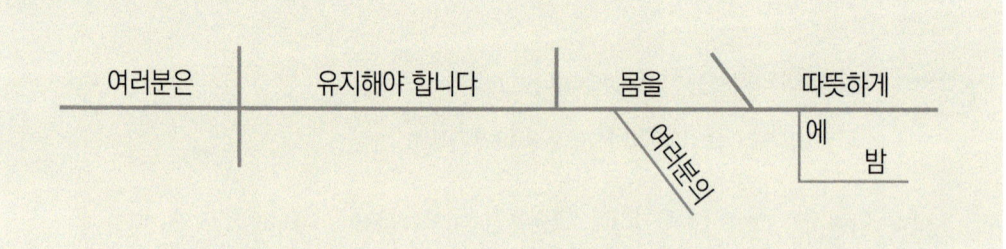

해설 '유지해야 합니다'는 '유지하다'에 조동사 should(~해야 한다)의 의미가 덧붙여진 것이야. 동사 '유지해야 합니다' 바로 앞에 목적보어 토씨 '하게'가 와서 '따뜻하게'가 목적보어이고, '몸을'이 목적어야. 그리고 '몸이 따뜻하다'라는 주술관계가 성립되므로 5형식이지.
부사나 부사구는 형용사나 동사를 뛰어넘지 못하므로 부사구 '밤에'는 형용사 '따뜻하게'를 꾸며.

 여러분은/유지해야합니다/여러분의/몸을/따뜻하게/에/밤.
You should keep your body warm at night.

> should ~해야 한다, ~일 것이다   keep 유지하다, 간직하다   body 몸, 신체, 육체
> warm 따뜻한, 훈훈한   night 밤

예문 7 그 소녀는 그 작은 곰이 그녀에게 우호적인 것을 알았습니다.

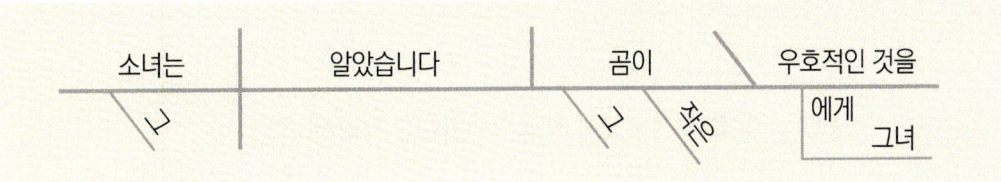

해설 동사 '알았습니다' 바로 앞에 목적보어 토씨 '것을'이 와서 '우호적인 것을'이 목적보어이고, '곰이'가 목적격토씨 '을' 대신에 '이'가 온 목적어야. 그리고 '그 작은 곰이 우호적이다'라는 주술관계가 성립되므로 5형식이지.
　　부사나 부사구는 형용사나 동사를 뛰어넘지 못하므로 부사구 '그녀에게'는 형용사 '우호적인 것을'을 꾸며.

 그/소녀는/알았습니다/그/작은/곰이/우호적인 것을/에게/그녀.
The girl found the little bear friendly to her.

find(found, found) (우연히) 찾아내다, 발견하다, 알다　little 작은, 어린, 적은　bear 곰
friendly 우호적인, 호의적인, 친절한　to ~에게, ~에, ~까지

예문 8 그의 아내는 그 흰 천을 갈색으로 물들였습니다.

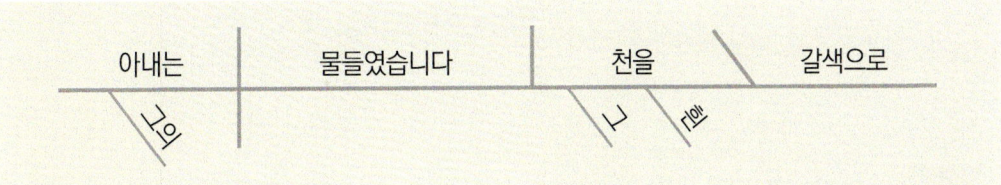

해설 동사 '물들였습니다' 바로 앞에 목적보어 토씨 '으로'가 와서 '갈색으로'가 목적보어이고, '천을'이 목적어야. 그리고 '천이 갈색이다'라는 주술관계가 성립되므로 5형식이지.

 그의/아내는/물들였습니다/그/흰/천을/갈색으로.
His wife dyed the white cloth brown.

wife 아내, 부인, 마누라   dye 염색하다, 물들이다   white 하얀, 흰   cloth 옷감, 천
brown 갈색(의)

예문 9 학생들은 이 책이 그들에게 매우 유익하다고 생각합니다.

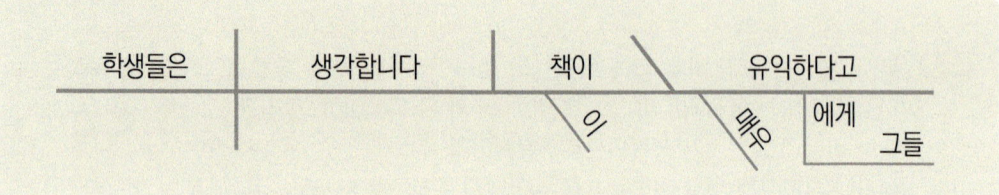

해설 동사 '생각합니다' 바로 앞에 목적보어 토씨 '라고'가 줄어든 '고'가 와서 '유익하다고'가 목적보어이고, '책이'가 목적격토씨 '을' 대신에 '이'가 온 목적어야. 그리고 '이 책이 유익하다'라는 주술관계가 성립되므로 5형식이지.
　부사나 부사구는 형용사나 동사를 뛰어넘지 못하므로 부사 '매우'와 부사구 '그들에게'는 형용사 '유익하다고'를 꾸며.
　'이'는 모음으로 끝났지만 예외로 지시형용사야.

 학생들은/생각합니다/이/책이/매우/유익하다고/에게/그들.
Students think this book very useful to them.

student 학생   think 생각하다   book 책   useful 유익한, 유용한, 도움이 되는

예문 10 여러분의 카드나 편지는 여러분의 선생님을 매우 기쁘게 할 것입니다.

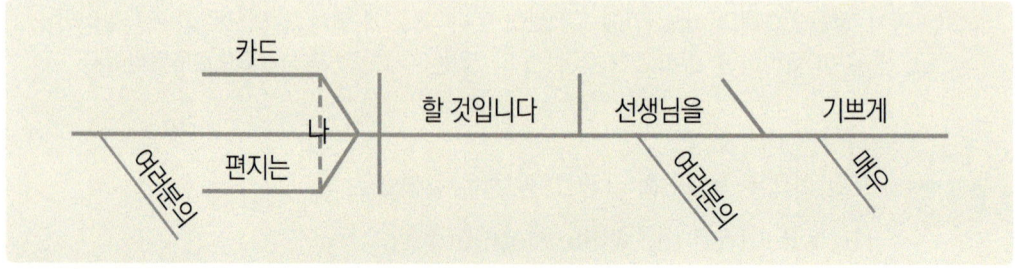

대등접속사 '나'는 '카드'하고 '편지'를 연결하므로 주어가 둘이야. '여러분들의'는 속격형용사로 '카드'와 '편지'를 둘 다 꾸미는 공통 형용사야.
　동사 '할 것입니다' 바로 앞에 목적보어 토씨 '하게'가 줄어든 '게'가 와서 '기쁘게'가 목적보어이고 '선생님을'이 목적어야. 그리고 '선생님이 기쁘다'라는 주술관계가 성립되므로 5형식이지.

 여러분의/카드/나/편지는/할 것입니다/여러분의/선생님을/매우/기쁘게.
Your card or letter will make your teacher very happy.

card 카드, 판지　　letter 편지　　teacher 교사, 선생님

연습문제

1. 그들은 그곳을 조지시라고 이름지었습니다.

2. 나는 그 아름다운 여인을 여왕으로 만들 것입니다.

3. 그들은 그들의 치마를 사롱이라고 부릅니다.

4. 그 요리사는 그 가련한 소녀를 행복하게 하였습니다.

5. 그 곰들은 그것이 매우 큰 집인 것을 알았습니다.

6. 그들은 그를 작은 거인이라고 불렀습니다.

_____

7. 그녀의 부모는 그 아기를 플로렌스라고 이름지었습니다.

_____

8. 그는 서커스에서 아이들을 즐겁게 합니다.

_____

9. 그는 이것을 대단한 성공이라고 생각했습니다.

_____

10. 그 소년은 이 이상한 노인을 자기 삼촌이라고 믿었습니다.

_____

해 답

1.

| 그들은 | 이름지었습니다 | 그곳을 \ 조지시라고 |

▶ 그들은/이름지었습니다/그곳을/조지시라고.
They named the place George City.

name 이름짓다, 명명하다, 이름   place 곳, 장소   city 도시, 시

2.

| 나는 | 만들 것입니다 | 여인을 \ 여왕으로 |
| | | 나 / 아름다운 |

● 나는/만들 것입니다/그/아름다운/여인을/여왕으로.
I will make the beautiful woman a queen.

make(made, made) (~을 하게) 만들다/하다, (~을 어떻게 되도록) 하다   beautiful 아름다운, 예쁜
woman 여인, 여성, 부인   queen 여왕

3.

| 그들은 | 부릅니다 | 치마를 \ 사롱이라고 |

그들의

● 그들은/부릅니다/그들의/치마를/사롱이라고.
They call their skirt a sarong.

call 부르다, 외치다, 전화하다   skirt 치마
sarong 사롱(미얀마, 말레이시아, 인도네시아 등지에서 남녀 구분 없이 허리에 두르는 옷)

4.

| 요리사는 | 하였습니다 | 소녀를 \ 행복하게 |

그   가련한

● 그/요리사는/하였습니다/그/가련한/소녀를/행복하게.
The cook made the poor girl happy.

cook 요리사, 요리하다   poor 불쌍한, 가련한, 가난한   happy 행복한, 기쁜, 즐거운

5.

| 곰들은 | 알았습니다 | 그것이 \ 집인 것을 |

그   때
                                물음

4. 문장(동사)의 형식 ·· 105

▶ 그/곰들은/알았습니다/그것이/매우/큰/집인 것을.
The bears found it a very big house.

bear 곰   find(found, found) (우연히) 발견하다, 알다   it 그것   big 큰   house 집

6.

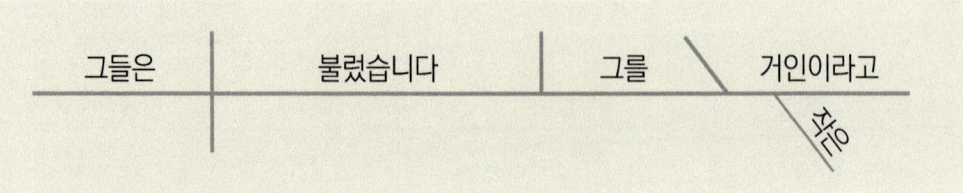

▶ 그들은/불렀습니다/그를/작은/거인이라고.
They called him Little Giant.

little 작은, 조금   giant 거인

7.

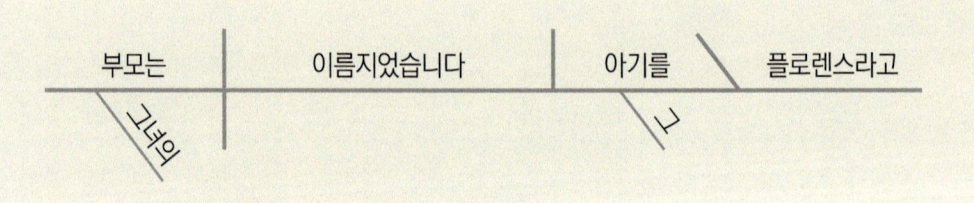

▶ 그녀의/부모는/이름지었습니다/그/아기를/플로렌스라고.
Her parents named the baby Florence.

parent 부모, 어버이(단수형은 아버지나 어머니 한 사람을 가리킴)   name 이름짓다, 명명하다
baby 아기   Florence 플로렌스(여자이름, 이탈리아 중부의 도시)

8.

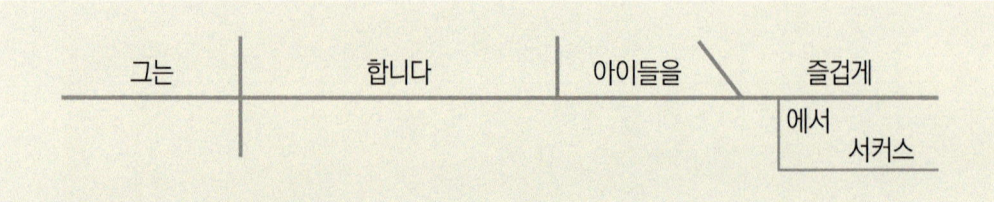

▶ 그는/합니다/아이들을/즐겁게/에서/서커스.
He makes children happy at the circus.

children 아이들   happy 즐거운, 기쁜, 행복한   at ~에서, ~에   circus 서커스, 곡예, 곡마단

9.

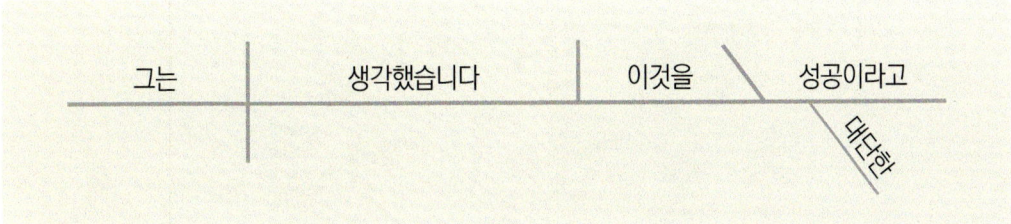

▶ 그는/생각했습니다/이것을/대단한/성공이라고.
He thought this a great success.

think(thought, thought) 생각하다   this 이것, 이   great 대단한, 위대한, 큰   success 성공

10.

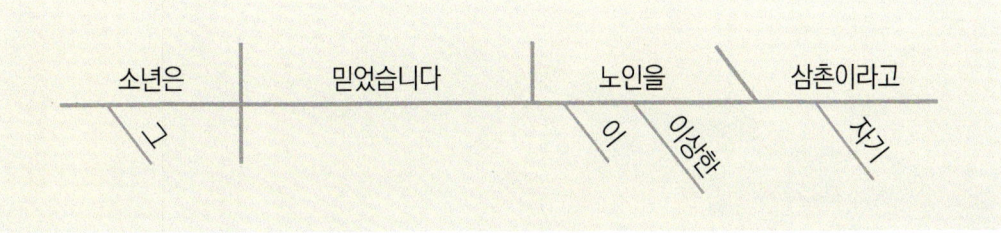

▶ 그/소년은/믿었습니다/이/이상한/노인을/자기/삼촌이라고.
The boy believed this strange old man his uncle.

believe 믿다   strange 이상한   old man 노인   uncle 삼촌(외삼촌, 고모부, 이모부), 아저씨

4. 문장(동사)의 형식 ·· 107

01 알파벳 (The Alphabet)

1. 알파벳이란?

영어 학습은 알파벳을 익히는 것에서부터 시작하지. 알파벳(alphabet)은 고대 그리스어의 처음 두 글자인 alpha(A, α)와 beta(B, β)를 따서 합친 말인데, 오늘날 서양 여러 나라의 문자로 사용되고 있어.

영어의 알파벳은 우리 한글의 자모에 해당하는 것으로 a, b, c, d, e, f, g, h, i, j, k, l, m, n, o, p, q, r, s, t, u, v, w, x, y, z의 26자를 일컫는 말이야.

우리 한글이 자음(ㄱ, ㄴ, ㄷ, ㄹ, ㅁ, ㅂ, ㅅ, ㅇ, ㅈ, ㅊ, ㅋ, ㅌ, ㅍ, ㅎ) 14자와 모음(ㅏ, ㅑ, ㅓ, ㅕ, ㅗ, ㅛ, ㅜ, ㅠ, ㅡ, ㅣ) 10자가 어우러져 글자를 이루는 것과 같이 영어도 자음(b, c, d, f, g, h, j, k, l, m, n, p, q, r, s, t, v, w, x, y, z) 21자와 모음(a, e, i, o, u) 5자가 어우러져 글자를 이뤄.

2. 알파벳 이름

A a	[ei] [에이]	'에'는 세게, '이'는 약하게 살짝 덧붙여 발음해.
B b	[bi:] [비:]	윗입술과 아랫입술을 서로 붙였다가 숨을 터뜨리며 [비:]라고 발음해.
C c	[si:] [씨:]	혀끝과 윗니의 뒷부분 사이로 숨을 내보내며 [씨:]라고 발음해.
D d	[di:] [디:]	혀끝을 윗니 잇몸 뒤에 붙여서 세게 [디:]라고 발음해.
E e	[i:] [이:]	우리말의 [이]보다는 혀의 위치를 높여, 양 입술을 좌우로 당기면서 힘주어 [이:]라고 발음해.

F f	[ef] [에프]	[에]를 발음한 뒤 아랫입술을 윗니에 가볍게 대고 그 사이로 숨을 내쉬면서 [흐]에 가까운 [프]를 발음해.
G g	[dʒiː] [쥐ː]	혀끝을 윗니의 잇몸에 넓게 붙이고 [쥐ː]라고 발음해.
H h	[eitʃ] [에이취]	[에이]를 발음한 뒤 혀끝을 윗니의 잇몸에 가볍게 대고 숨을 내쉴 때 [취]를 약하게 살짝 덧붙여 발음해.
I i	[ai] [아이]	[아]를 세게 발음한 뒤 [이]는 약하게 살짝 덧붙여 발음해.
J j	[dʒei] [제이]	혀끝을 윗니의 잇몸에 붙이고 [제]를 세게 발음한 뒤 [이]는 약하게 살짝 덧붙여 발음해. 입술을 내밀며 [줴]라는 기분이 나게 발음해.
K k	[kei] [케이]	혀끝은 아랫니 잇몸에 대고 혀의 뒷부분은 입천장에 붙여서 [케]를 세게 발음한 뒤 [이]는 약하게 살짝 덧붙여 발음해.
L l	[el] [엘]	혀끝을 윗니 잇몸에 대고 혀의 양 옆으로 [엘]하고 발음해.
M m	[em] [엠]	[에]를 세게 발음하고 입을 다물면서 코로 숨을 내보내며 [ㅁ]을 발음해.
N n	[en] [엔]	혀끝을 윗니의 잇몸에 대고 코로 숨을 내보내며 [엔]하고 발음해.
O o	[ou] [오우]	입술을 둥글게 하여 [오]를 세게 발음한 뒤 입술을 오므리며 [우]를 짧게 살짝 덧붙여 발음해.
P p	[piː] [피ː]	윗입술과 아랫입술을 붙이고 숨을 터뜨리며 [피ː]라고 발음해.
Q q	[kjuː] [큐ː]	입술을 둥글게 오므리고 [큐ː]라고 발음해.
R r	[ɑːr] [아ːㄹ]	입을 크게 벌리고 안쪽에서 [아]를 길게 발음한 다음 혀끝을 약간 뒤로 말아 올리며 [ㄹ]을 덧붙여 발음해.
S s	[es] [에스]	[에]를 세게 발음한 뒤 [스]를 약하게 덧붙여 발음해.
T t	[tiː] [티ː]	d를 발음할 때처럼 혀끝을 윗니 잇몸 뒤에 대고 [티ː]라고 발음해.
U u	[juː] [유ː]	입술을 둥글게 하고 내밀면서 혀끝을 위 입천장에 가까이 대고 [유ː]라고 발음해.
V v	[viː] [븨ː]	f를 발음할 때처럼 아랫입술에 윗니를 가볍게 대었다 떼면서 [븨ː]라고 발음해.
W w	[dʌbljuː] [더블류ː]	[더]를 세게, [블류]는 약하게 덧붙여 발음해.
X x	[eks] [엑스]	[엑]을 세게, [스]는 약하게 살짝 덧붙여 발음해.
Y y	[wai] [와이]	입술을 둥글게 오므렸다 펴면서 [와]를 세게 [이]를 약하게 살짝 덧붙여 발음해.
Z z	[ziː/zed] [지ː/젯]	혀끝을 윗니 잇몸에 가까이 하고 숨을 내보내며 [씨ː]의 흐린 음으로 [지ː]라고 발음해. 영국식으로는 [젯]이라고 발음해.

1 알파벳(The Alphabet)

3. 알파벳 글자체의 종류

우리 한글은 자모의 모양이 하나밖에 없으므로 글자 하나하나가 모양이 하나야. 그리고 단어를 이루었을 때에도 그 모양이 항상 일정하게 되어 있어. 그러나 영어의 알파벳은 대문자와 소문자가 따로 있어 쓰이는 경우도 다르며 또 글자의 모양에 따라 인쇄체, 필기체로 구분되지.

1) 인쇄체: 인쇄용 활자의 글자체(책, 신문, 잡지 등의 인쇄물에 쓰이는 활자체)

> 대문자: A B C D E F G H I J K L M N O P Q R S T U V W X Y Z
> 소문자: a b c d e f g h i j k l m n o p q r s t u v w x y z

2) 필기체: 이어 쓰기 쉽게 만든 글자체

> 대문자: 𝒜ℬ𝒞𝒟ℰℱ𝒢ℋℐ𝒥𝒦ℒℳ𝒩𝒪𝒫𝒬ℛ𝒮𝒯𝒰𝒱𝒲𝒳𝒴𝒵
> 소문자: 𝒶𝒷𝒸𝒹𝑒𝒻𝑔𝒽𝒾𝒿𝓀𝓁𝓂𝓃𝑜𝓅𝓆𝓇𝓈𝓉𝓊𝓋𝓌𝓍𝓎𝓏

 대문자와 소문자의 쓰임

🦉 문장에서 첫 단어의 첫 글자는 대문자로 쓰고, 나머지는 소문자로 써. 단어와 단어 사이는 띄어 쓰지.

The music is beautiful.   He likes fall.
그 음악은 아름답다.   그는 가을을 좋아한다.

🦉 문장 중간이라도 사람 이름, 땅 이름, 나라 이름, 요일 이름, 달 이름 등 고유명사의 첫 글자는 대문자로 써.

Her name was Alice.   It was a Saturday morning in May.
그녀의 이름은 앨리스였다.   오월의 어느 토요일 아침이었다.

She lived in Norway.
그녀는 노르웨이에서 살았다.

4. 알파벳 쓰는 법

※ 화살표를 따라서 쓰면 돼.

1) 인쇄체 대문자

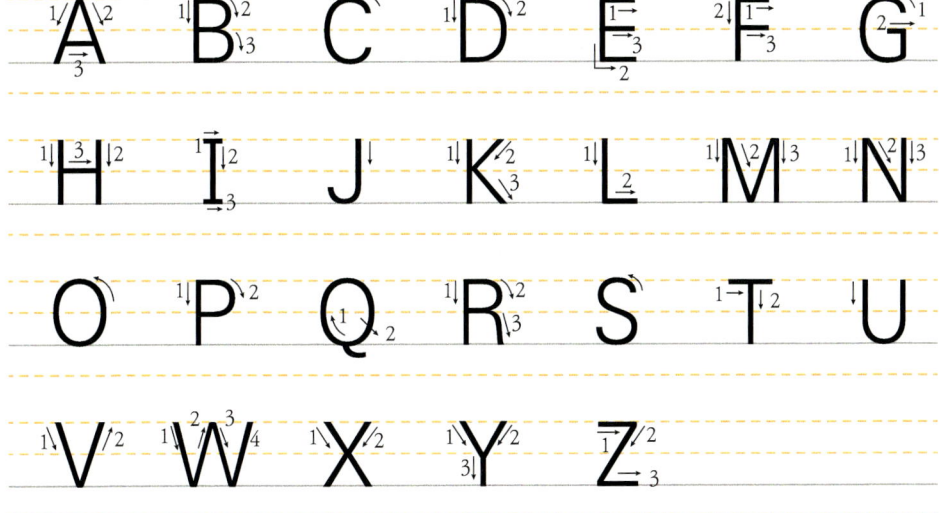

2) 인쇄체 소문자

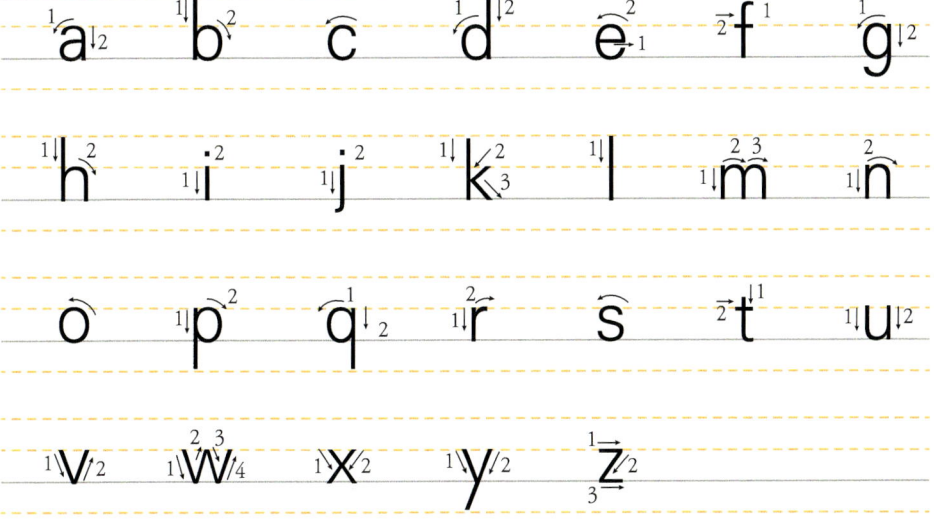

3) 필기체 대문자

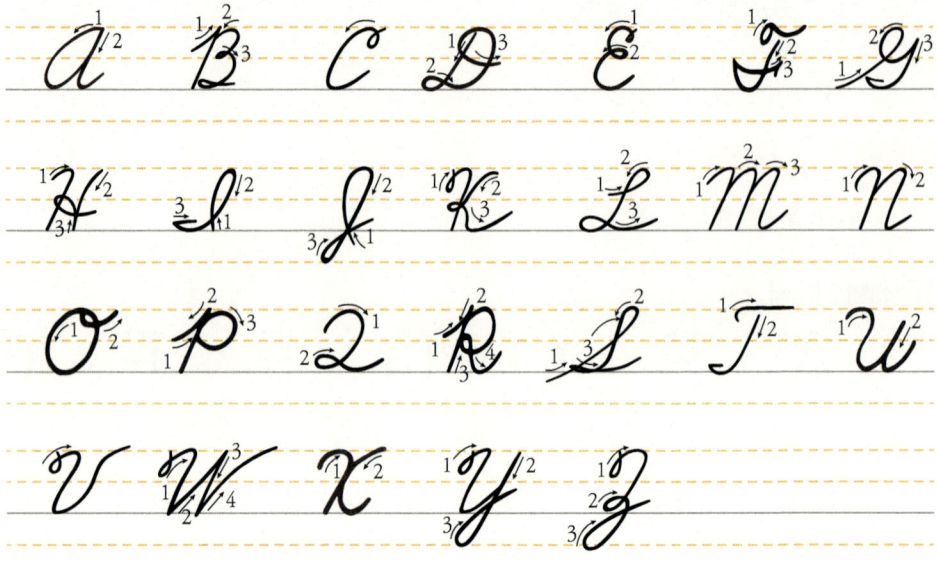

4) 필기체 소문자

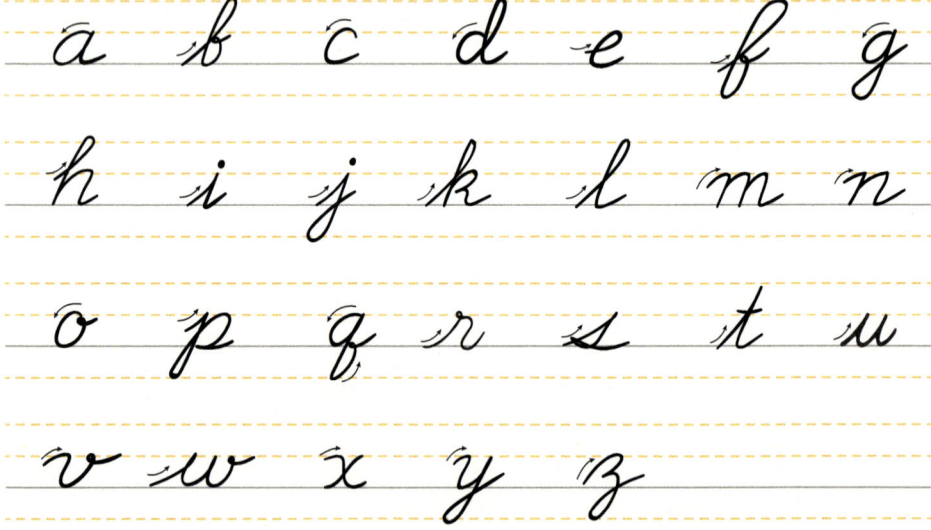

※ 필기체는 공책을 25°~30°가량 기울여 쓰는 것이 좋아. 글자의 마지막 선은 원칙적으로 다음 글자에 이어지도록 되어 있어.

02 단어와 철자와 발음

1. 단어(Word)와 철자(Spelling)

우리말(한글)은 자모가 어우러져 일정한 뜻을 지닌 단어를 이루지. 예를 들면 '별'이라는 단어는 'ㅂ(첫소리), ㅕ(가운뎃소리), ㄹ(끝소리)'이 어우러져 하나의 단어를 이루고 있어. 이처럼 우리말은 각기 음가(音價: 소릿값)를 지닌 자음과 모음의 조합으로 단어를 만들어 가는 조합어(組合語)로 창조적인 언어야.

반면에 영어는 알파벳이 서로 합쳐져 일정한 뜻을 지닌 단어를 이루는 합성어(合成語)로 창조성이 결여된 언어야. 예를 들면 star라는 단어는 알파벳 's, t, a, r'이 합쳐져 하나의 단어를 이루고 있지. 이때 이 단어를 이루고 있는 알파벳 하나하나의 낱자(s, t, a, r)를 철자(spelling)라고 해.

2. 철자(Spelling)와 발음(Pronunciation)

우리말의 자음(ㄱ, ㄴ, ㄷ, ㄹ, ㅁ, ㅂ, ㅅ, ㅇ, ㅈ, ㅊ, ㅋ, ㅌ, ㅍ, ㅎ)과 모음(ㅏ, ㅑ, ㅓ, ㅕ, ㅗ, ㅛ, ㅜ, ㅠ, ㅡ, ㅣ)은 각기 그 음가(소릿값)를 지니고 있어. 그래서 한 글자가 한 소리만 내므로 발음기호가 필요 없지. 하지만 영어는 알파벳 철자가 일정한 음가를 지니고 있지 않아. 그래서 단어마다 발음기호가 필요한 거야.

다시 말하면 알파벳 철자 하나 하나에는 일정한 음가가 없고 이 철자가 합쳐져 단어를 이룰 때 비로소 음가(소릿값)를 지니게 돼. 그런데 그때마다 발음이 달라서 사전에 발음기호가 붙어 있는 거야.

다음의 철자 e와 i의 발음을 살펴볼까?

e	red[red] pretty[príti(ː)] he[hiː] flower[fláuər] her[həːr] here[hiər] there[ðɛər]
	home[houm] garden[gáːrdn] game[geim]
i	importance[impɔ́ːrtəns] police[pəlíːs] holiday[hálədèi] girl[gəːrl] smile[smail]
	cousin[kʌ́zn] juice[dʒuːs] pencil[pénsl]

이와 같이 영어는 같은 철자라도 단어에 따라 발음이 다르며, home, garden, game; cousin, juice, pencil처럼 어떤 단어에서는 발음이 되지 않는 경우도 있어. 그래서 영어는 단어마다 철자와 발음을 익혀야 되는 번거로움이 있지. 영어의 이러한 결함 때문에 영국 사람들이나 미국 사람들도 단어의 철자를 틀리는 실수를 하기도 하며 문맹률이 우리보다 높은 까닭도 이 때문이야.

하지만 우리말(한글)은 자모가 각각 홀로 그 음가를 지니고 있고 '초성(첫소리), 중성(가운뎃소리), 종성(끝소리)'의 '삼성(三聲: 세 가지 소리)체계'로 이루어진 가장 발달된 과학적인 언어야. 그래서 누구나 쉽게 깨우칠 수 있고 세계에서 문맹률이 가장 낮은 것도 우리 조상이 물려준 훌륭한 한글 덕분이지.

3. 발음기호

발음기호는 단어가 내는 소리를 표시하는 부호를 말하지. 즉 [i]라는 부호는 [이] 소리를 내자는 약속이고, [e]라는 부호는 [에] 소리를 내자는 약속이야.

앞에서 살펴본 바와 같이 우리말(한글)은 자모가 각기 고유한 음가를 지니고 있으므로 발음기호가 필요 없지만 영어는 알파벳 철자가 독자적인 음가를 지니고 있지 않으므로 단어마다 발음기호가 필요해.

그래서 영어사전에는 반드시 단어마다 발음기호를 '[ ], / /' 안에 넣어 표시하는데 우리나라 영한사전에는 [ ] 표시로 되어 있어. 영어는 이 발음기호를 보고 단어마다 발음을 익혀야 되는 번거로움이 있어.

발음기호에는 알파벳과 같은 것도 있으나 [ɑ, ɔ, ə, ʌ, ɛ, æ, ŋ, θ, ð, ʃ, ʒ, tʃ, dʒ]처럼 알파벳 모양과 다른 것도 있으니 잘 익혀두어야 하지. 한꺼번에 완전하게 발음을 익히려고 매달리면 영어에 흥미를 잃어버릴 수 있으므로 시간을 두고 차분히 익혀 나가면 돼.

발음기호												
모음	단일모음	단모음	[i] 이	[e] 에	[æ] 애	[ɑ] 아	[ɔ] 오	[ʌ] 어	[ə] 어	[u] 우		
		장모음	[iː] 이-	[ɑː] 아-	[ɔː] 오-	[əː] 어-	[uː] 우-					
	이중모음		[ei] 에이	[ai] 아이	[ɔi] 오이	[au] 아우	[ou] 오우	[iə] 이어	[eə] 에어	[uə] 우어		
	반모음		[j] 이 [w] 오, 우									
자음	무성음		[p] ㅍ	[t] ㅌ	[k] ㅋ	[f] ㅍ	[θ] ㅅ	[s] ㅅ	[ʃ] 쉬	[tʃ] ㅊ	[h] ㅎ	
	유성음		[b] ㅂ	[d] ㄷ	[g] ㄱ	[v] ㅂ	[ð] ㄷ	[z] ㅈ	[ʒ] 쥐	[dʒ] ㅈ	[m] ㅁ	[n] ㄴ	[ŋ] ㅇ	[l] ㄹ	[r] ㄹ

💡 철자상으로는 a, e, i, o, u가 모음이며 a, e, i, o, u를 제외한 나머지 모두가 자음이야.

💡 단모음: 소리의 길이가 짧은 모음.
장모음: 소리의 길이가 긴 모음. 발음기호 옆에 ː로 나타내지.

💡 유성음(Voiced Sound)과 무성음(Voiceless Sound)
모든 소리는 소리가 날 때에 성대가 울리는지 울리지 않는지에 따라 유성음과 무성음으로 나눠져. 유성음은 숨이 목을 거쳐 나올 때 성대가 울리는 소리이고, 무성음은 숨이 목을 거쳐 나올 때 성대가 울리지 않고 나는 소리야.
성대가 울리는지 울리지 않는지는 목젖에다 손을 가져다 대 보든가, 아니면 두 손으로 귀를 막고 발음을 해 보면 알 수 있어. 이때 목젖이나 귀가 울리는 음이 유성음이고 울리지 않는 음이 무성음이야.

1) 모음(母音: Vowel)

성대에서 나오는 소리가 입속에서 아무런 방해를 받지 않고 자연스럽게 나오는 소리로 저 혼자 발음을 이룰 수 있는 소리, 즉 홀소리야.

(1) 단일모음

[i] [이]	우리말의 [이]와 거의 같은 소리인데, 우리말의 [이]보다 입을 약간 더 벌리고 혀의 위치를 낮게 안으로 당겨 [에]에 가깝게 [이]를 발음해.	dinner[dínər] 저녁식사 milk[milk] 우유
[iː] [이ː]	입술을 좌우로 조금 당기듯이 하여 [이ː] 소리를 내는데 우리말의 [이ː] 소리와 대체로 같은 소리이나 그보다는 긴장감이 있어.	meal[miːl] 식사 key[kiː] 열쇠
[e] [에]	우리말의 [에]와 대체로 같은 소리이나 우리말의 [에]보다 약간 입술을 좌우로 당겨 더 짧고 강하게 발음하지.	head[hed] 머리 desk[desk] 책상
[æ] [애]	우리말의 [애]와 비슷한 소리인데 입을 좌우로 충분히 벌리고 아래턱을 목구멍 쪽으로 끌어당기면서 혀 안쪽이 위어금니에 닿도록 발음해.	man[mæn] 남자, 사람 daddy[dǽdi] 아빠
[ɑ] [아]	입을 크게 벌리고 안쪽으로부터 [아] 소리를 짧게 내.	dollar[dálər] 달러 clock[klɑk] 시계
[ɑː] [아ː]	입을 크게 벌리고 안쪽으로부터 [아] 소리를 길게 내.	star[stɑːr] 별 card[kɑːrd] 엽서
[ɔ] [오]	입술을 둥글게 오므리고 혀 안쪽을 낮게 하여 입 깊숙한 안쪽을 크게 벌려 목안으로부터 [오] 하고 발음해. [아]에 가까운 [오] 소리인데 미국에서는 [ɔ]를 [ɑ]로 발음하는 경우가 많아.	ox[ɔks] 여우 boxing[bɔ́ksiŋ] 권투
[ɔː] [오ː]	[ɔ]보다 입을 조금 크게 벌리고 입술을 더 오므린 상태에서 혀 뒤를 더 올리면서 [오ː]라고 발음해.	daughter[dɔ́ːtər] 딸 ball[bɔːl] 공
[ʌ] [어]	입을 좌우로 약간 벌리고 입술의 힘을 빼고 혀에 힘을 조금 주면서 입속 중간쯤에서 [아]에 가까운 [어] 소리를 내. 즉 [아]를 발음하려는 입 모양에서 [어]를 발음해.	cousin[kʌ́zn] 사촌 son[sʌn] 아들

[ə] [어]	[아]와 [어]의 사잇소리로 [아]인지 [어]인지 분간하기 어려운 애매한 소리야. 입을 조금 벌리고 입술과 혀에서 힘을 빼고서 자연스럽게 약하고 짧게 [으]에 가까운 [어] 소리를 내는 거야.	today[tədéi] 오늘 album[aélbəm] 사진첩
[əː] [어ː]	[ə]를 길게 발음해. 흔히 뒤에 [r]이 붙는 경우가 많은데 이때는 혀끝을 살짝 말아 올리며 길게 소리 내면 돼.	girl[gəːrl] 소녀 bird[bəːrd] 새
[u] [우]	우리말의 [우]보다 입술을 약간 둥글게 오므려서 앞으로 내밀며 혀의 뒷부분을 위로 올리면서 입 뒤쪽으로부터 [우] 소리를 짧게 내.	cook[kuk] 요리사, 요리하다 wood[wud] 나무, 재목
[uː] [우ː]	[u]의 긴소리로 발음하는 요령은 [u]와 거의 같지만 [u]보다 혀의 뒷부분을 더 올리고 입술을 더 작게 오므려 긴장시키며 발음해.	moon[muːn] 달 pool[puːl] 연못, 수영장

(2) 이중모음

두 개의 모음이 합쳐져 하나의 음이 되는 소리야. 한 음절로 취급하여 단숨에 발음하는데 앞 모음은 강하고 분명하게 발음하고 뒤의 모음은 약하게 살짝 덧붙여 발음해.
  우리말은 모음이 겹쳐도 한 음절로 발음되는 것이 아니고 2음절로 발음되지. 그러나 영어는 한 음절로 발음된다는 점에 유의해야 해. 예를 들면 우리말의 [오이]는 [오리]와 마찬가지로 2음절로 발음하지만, 영어의 [ɔi]는 한 음절로 [ɔ]는 강하고 분명하게 [i]는 약하게 살짝 덧붙여 한꺼번에 발음해.

[ei] [에이]	[e]와 [i]가 합쳐진 이중모음이야. 앞의 [e]를 세게 발음하고 [i]는 가볍게 살짝 덧붙여 발음해.	cake[keik] 케이크 day[dei] 날
[ai] [아이]	[a]와 [i]가 합쳐진 이중모음이야. [a]는 우리말의 [아]와 대체로 같은 소리인데 우리말의 [아]보다 좀 더 입을 크게 벌려 [a]를 세게 발음하고 [i]는 가볍게 살짝 덧붙여 발음해.	sky[skai] 하늘 size[saiz] 크기, 치수
[ɔi] [오이]	[ɔ]와 [i]가 합쳐진 이중모음이야. [ɔ]를 세게 발음하고 [i]는 가볍게 살짝 덧붙여 발음해.	oil[ɔil] 기름 toy[tɔi] 장난감

[au] [아우]	[a]와 [u]가 합쳐진 이중모음이야. [a]를 세게 발음하고 [u]를 단독으로 발음할 때보다는 혀의 위치를 좀 낮춰 가볍게 살짝 덧붙여 발음해.	flower[fláuər] 꽃 cow[kau] 암소
[ou] [오우]	[o]와 [u]가 합쳐진 이중모음이야. [o]는 우리말의 [오]와 대체로 같은 소리지. [ɔ]보다 입을 더 오므리고 둥글게 하여 [o]를 세게 발음하고 입을 오므리며 [u]를 가볍게 살짝 덧붙여 발음해.	notebook[nóutbùk] 공책 home[houm] 집
[iə] [이어]	[i]와 [ə]가 합쳐진 이중모음이야. [i]를 세게 발음하고 [ə]를 가볍게 살짝 덧붙여 발음해. [ə]는 약한 모음이므로 세게 발음하지 않도록 주의해야 해.	ear[iər] 귀 here[hiər] 여기에
[ɛə] [에어]	[ɛ]와 [ə]가 합쳐진 이중모음이야. [ɛ]를 세게 발음하고 [ə]를 가볍게 살짝 덧붙여 발음해. [ɛ]는 [e]보다 약간 입을 넓게 벌리고 [e]와 [æ]의 사잇소리를 내면 돼.	bear[bɛər] 곰 hair[hɛər] 머리카락
[uə] [우어]	[u]와 [ə]가 합쳐진 이중모음이야. [u]를 세게 발음하고 [ə]는 가볍게 살짝 덧붙여 발음해.	poor[puər] 가난한 tour[tuər] 여행

💡 [ɚ]=[ər]는 [ə]발음에 혀끝을 말아 올려 [r]음을 가볍게 살짝 덧붙여 발음해.
[aiə], [auə], [ouə], [ɔiə], [eiə] 등은 주로 시에서 운율을 맞추기 위해 3음절로 취급되며, 보통은 [ái-ə], [áu-ə]와 같이 2음절로 취급되지. [aiə]와 [auə]를 제외하면 나머지는 그 수가 아주 적어.

2) 반모음

바로 뒤의 모음과 함께 발음되지만 음절을 이루지 못하는 소리야. ㅑ, ㅛ, ㅠ, ㅒ, ㅖ, ㅘ, ㅙ, ㅝ, ㅞ, ㅟ 등의 이중 모음에서 선행음으로 나는 [j]와 [w]야.

[j] [이]	[j]는 우리말에 없는 소리로 [iː]보다 혓바닥을 위로 올리고 입김이 나가는 통로를 좁게 하고서 [iː]보다 혀에 힘을 주어 세게 발음해. 목청을 울려 나오는 유성음으로 [j] 뒤의 모음과 함께 소리를 내지. 즉 [ja]는 [야](이+아), [ju]는 [유](이+우)처럼 발음돼.	yard[jɑːrd] 뜰, 마당 tulip[tjúːlip] 튤립 yes[jes] 예 year[jiər] 해, 년
[w] [우]	[w]도 우리말에 없는 소리인데 [uː]보다 훨씬 더 두 입술을 둥글게 내밀면서 혀의 뒷부분을 들어 올려서 [우]를 세게 발음해. 오므린 입술에서 나오는 유성음이야.	window[wíndou] 창문 woman[wúmən] 여자 queen[kwíːn] 여왕

3) 자음(子音: Consonant)

성대에서 나오는 소리가 도중에 방해를 받고 나오는 소리로 혼자서는 아무 발음도 이룰 수 없고 모음에 가서 닿아야만 발음을 이룰 수 있는 소리, 즉 닿소리야.

(1) 파열음(터져 나오는 소리): 폐에서 나오는 공기를 일단 막았다가 그 막은 자리를 터뜨리면서 내는 소리.

[p] [ㅍ]	[p]는 두 입술을 가볍게 다물었다가 입속의 숨을 내보내면서 터뜨려 내는 입김으로 된 무성음이야. 우리말의 [프]에 가까운 소리지.	pen[pen] 펜 cap[kæp] 모자
[b] [ㅂ]	[b]는 [p]와 같은 방식으로 발음하는데 숨을 입 밖으로 내보낼 때 목소리가 섞여 나오는 유성음이야. 우리말의 [브]에 가까운 소리지.	baby[béibi] 아기 bed[bed] 침대
[t] [ㅌ]	[t]는 입술을 벌린 채 혀끝을 윗니의 잇몸에 댔다가 떼면서 숨을 터뜨려 내는 무성음이야. 우리말의 [트]에 가까운 소리지.	tea[tiː] 차 hat[hæt] 모자
[d] [ㄷ]	[d]는 [t]와 같은 방식으로 발음하는데 숨을 입 밖으로 내보낼 때 목소리가 섞여 나오는 유성음이야. 우리말의 [드]에 가까운 소리지.	dress[dres] 옷 hand[hænd] 손
[k] [ㅋ]	[k]는 혀의 뒷부분을 치켜 올려 입천장에 대었다가 떼면서 숨을 터뜨려 내는 무성음이야. 우리말의 [크]에 가까운 소리지.	king[kiŋ] 왕 truck[trʌk] 화물자동차
[g] [ㄱ]	[g]는 [k]와 같은 방식으로 발음하는데 숨을 입 밖으로 내보낼 때 목소리가 섞여 나오는 유성음이야. 우리말의 [그]에 가까운 소리지.	game[geim] 시합 bag[bæg] 가방

(2) 비음(콧소리): 입안의 통로를 막고 코로 공기를 내보내면서 내는 소리.

[m] [ㅁ]	[m]은 입술을 다문 채 목소리를 울리게 하면서 코로 숨을 내쉬며 우리말의 [ㅁ]을 발음해. 소리가 코를 빠져나올 때까지 입술을 열지 않지.	monkey[mʌ́ŋki] 원숭이 team[tiːm] 팀
[n] [ㄴ]	[n]은 입술을 약간 벌리고 혀끝을 윗니 잇몸에 대고 코로 숨을 내쉬면서 목소리를 울리며 우리말의 [ㄴ]을 발음해. 소리가 코를 빠져나올 때까지 혀끝을 떼지 않지.	name[neim] 이름 ten[ten] 10
[ŋ] [ㅇ]	[ŋ]은 혀의 뒷부분을 안쪽 입천장에 대고 코로 숨을 내쉬며 목소리를 울리게 하면서 [ㅇ]을 발음해. 우리말의 받침으로 쓰이는 [ㅇ]에 해당하는 소리야.	uncle[ʌ́ŋkl] 아저씨 spring[spriŋ] 봄

(3) 측음(혀 옆으로 나는 소리): 공기를 혀 양옆으로 흘려보내면서 내는 소리.

[l] [ㄹ]	[l]은 우리말에 없는 소리지. 우리말의 [ㄹ]음은 혀가 잇몸을 스칠 뿐인데 영어의 [l]은 혀의 양쪽 부분은 밑으로 처져 있는 상태에서 혀끝을 윗니 잇몸에 가볍게 대고 숨이 혀 양쪽 옆을 통해 나가게 하며 발음해. 낱말 처음에 있는 [l] 소리는 명쾌한 느낌이 있으며, 중간이나 끄트머리에 있는 [l] 소리는 침울한 느낌을 주는 소리야.	lady[léidi] 숙녀 hole[houl] 구멍

(4) 마찰음(부딪치면서 나는 소리): 공기가 나오면서 마찰하여 나는 소리.

[f] [ㅍ]	[f]도 우리말에 없는 소리야. 윗니를 아랫입술에 살짝 대고 그 사이로 숨을 내보내면서 [프] 하고 발음해. [p]와는 전혀 다른 소리지.	face[feis] 얼굴 roof[ruːf] 지붕
[v] [ㅂ]	[v]도 우리말에는 없는 소리야. [f]와 같은 요령으로 마찰시키면서 [브] 하고 발음해. [f]가 입김으로 내는 무성음인데 반해 [v]는 목소리로 내는 유성음이야.	vase[veis] 꽃병 love[lʌv] 사랑(하다)
[θ] [ㅆ]	[θ]는 우리말에 없는 제일 어려운 발음이지. 혀끝을 윗니와 아랫니 사이로 조금 내밀고 윗니와 혀 사이로 숨을 긁히는 것처럼 내보내며 발음해.	three[θriː] 3 mouth[mauθ] 입

[ð] [ㄷ]	[ð]는 [θ]와 거의 같은 방식으로 발음하는 목소리로 내는 유성음이야. [θ]의 발음은 혀끝이 완전히 아래·윗니 사이로 나와야 하지만 [ð]는 혀끝을 조금 벌린 이 사이로 나올락 말락 살짝 대고 숨을 긁히는 것처럼 내보내며 발음해.	mother[mʌ́ðər] 어머니 this[ðis] 이것
[s] [ㅅ, ㅆ]	[s]는 혀끝을 윗니 잇몸에 가까이 대고 그 사이로 무엇이 긁히는 것처럼 숨을 내보내며 발음해. 자음 앞에서는 [스], 모음 앞에서는 [쓰]에 가까운 소리가 나지.	student[stjúːdnt] 학생 soon[suːn] 곧, 빨리
[z] [ㅈ]	[z]는 [s]와 같은 혀의 위치에서 목소리로 내어 [즈]라고 발음해. 우리말의 [ㅈ]에 가까운 소리야.	zoo[zuː] 동물원 rose[rouz] 장미
[ʃ] [쉬]	[ʃ]는 입술을 둥글게 하여 내밀고 혀의 중간 부분을 입천장에 대고 혀끝에 힘을 주어 숨을 밖으로 내보내며 발음해.	fish[fiʃ] 물고기 shop[ʃɑp] 가게
[ʒ] [쥐]	[ʒ]는 [ʃ]의 유성음으로 [ʃ]와 같은 요령으로 목소리로 내면 돼. 우리말의 [쥐]에 가까운 소리야.	pleasure[pléʒər] 기쁨 garage[gərάːʒ] 차고, 주유소
[r] [ㄹ]	[r]은 입을 약간 벌린 채 혀끝을 약간 마는 것처럼 구부려서 윗니 잇몸에 달락 말락 하게 하고 그 사이로 소리를 스쳐 나가게 [르]를 발음하는 유성음이야.	bread[bred] 빵 rice[rais] 쌀
[h] [ㅎ]	[h]는 숨과 성대가 마찰하여 생기는 무성음으로 숨구멍을 조금 열고 목구멍 깊숙한 곳에서 숨을 내쉬면서 [흐]라고 발음해.	hole[houl] 구멍 hotel[houtél] 호텔

(5) 파찰음(터지면서 부딪쳐 나는 소리): 파열음과 마찰음의 두 가지 성질을 다 가지는 소리. 폐에서 나오는 공기를 막았다가 열어서 터뜨릴 때에 그 속도가 느려서 천천히 열리기 때문에 그동안에 마찰하는 소리가 뒤따르게 되지. 파열마찰음이라고도 해.

[tʃ] [ㅊ]	[tʃ]는 [ʃ]와 거의 같은 요령으로 발음하는데 혀끝을 윗잇몸에 넓게 대었다 떼면서 [취] 하듯 마찰시키며 발음하는 무성음이야. 우리말의 [ㅊ] 음과 거의 같아. 발음기호는 2자이지만 하나의 음이지.	chair[tʃɛər] 의자 lunch[lʌntʃ] 점심

[dʒ] [ㅈ]	[dʒ]는 [tʃ]와 같은 요령으로 목소리로 내어 발음하는 유성음이야. 우리말의 [ㅈ] 음과 거의 같아.	juice[dʒuːs] 즙 village[vílidʒ] 마을
[ts] [츠]	[ts]는 [t]와 [s]가 연달아 이어진 소리로 하나의 소리처럼 발음하는데 [쯔]와 [츠]의 사잇소리를 내는 무성음이야.	cats[kæts] 고양이들 pants[pænts] 바지
[dz] [즈]	[dz]는 [d]와 [z]가 연달아 이어진 소리로 [ts]와 같이 하나의 소리처럼 발음하는데 목소리로 내는 유성음이야.	friends[frendz] 친구들 woods[wudz] 숲

🦉 발음은 같으나 철자와 뜻이 다른 단어

[bluː]	blue : 푸른		[bai]	by : 옆에
	blew : blow(불다)의 과거			buy : 사다
[diər]	deer : 사슴		[fláuər]	flower : 꽃
	dear : 사랑하는			flour : 밀가루
[hiər]	here : 여기에		[áuər]	hour : 시간
	hear : 듣다			our : 우리의
[ai]	I : 나		[miːt]	meet : 만나다
	eye : 눈			meat : 고기
[njuː]	new : 새로운		[nou]	no : 아니(오)
	knew : know(알다)의 과거			know : 알다
[nouz]	nose : 코		[wʌn]	one : 하나
	knows : know의 3인칭 단수 현재형			won : win(승리하다)의 과거
[pɛər]	pair : 한 쌍		[piːs]	peace : 평화
	pear : 배			piece : 조각

[red]	red : 붉은		[rait]	right : 오른쪽
	read : read(읽다)의 과거			write : 쓰다
[roud]	road : 길		[ruːt]	root : 뿌리
	rode : ride(타다)의 과거			route : 길
[siː]	see : 보다		[sent]	sent : send(보내다)의 과거
	sea : 바다			cent : 센트
[sʌn]	son : 아들		[ðɛər]	there : 거기에
	sun : 해			their : 그들의
[θruː]	through : ~을 통하여		[tuː]	too : 역시
	threw : throw(던지다)의 과거			two : 둘
[wiːk]	week : 주		[wud]	wood : 나무
	weak : 약한			would : will의 과거
[fɛər]	fair : 공정한		[houl]	hole : 구멍
	fare : 요금			whole : 전체의
[hɛər]	hair : 머리카락		[hiːl]	heel : 뒤꿈치
	hare : 산토끼			heal : 고치다, 치료하다

03 음절과 강세

1. 음절(Syllable)

영어의 단어에는 발음상 마디가 있는데 그 소리의 마디를 음절이라고 해. 발음상 한 개의 단위로 볼 수 있는 것을 한 음절이라 하며, 음절의 수는 그 단어 속에 들어 있는 소리 내는 모음의 수와 같아.

1음절어 : eye[ai], moon[muːn], swim[swim]
2음절어 : to·day[tədéi], flow·er[fláuər], en·joy[indʒɔ́i, en-]
3음절어 : beau·ti·ful[bjútifəl], yes·ter·day[jéstərdèi]
4음절어 : el·e·va·tor[éləvèitər], A·mer·i·ca[əmérikə]
5음절어 : ex·am·i·na·tion[igzæmənéiʃən], con·grat·u·la·tion[kəngrætʃuléiʃən]

2. 강세(Accent/Stress)

1) 낱말 강세

우리말은 낱말을 읽을 때 모두 같은 크기의 음성으로 읽지만, 영어는 강약을 주어 앞 음절이 강하면 다음 음절은 약하게, 또 앞 음절이 약하면 다음 음절은 강하게 마치 파도를 타듯이 발음하지. 따라서 한 단어에서 강하게 읽어야 할 발음이 있는데, 강세는 단어의 어떤 부분을 높여서 확실하게 발음하는 것을 나타내는 것을 말하는 거야.

단어에 모음이 하나뿐인 경우는 강세를 표시하지 않지만, 모음이 두 개 이상 들어 있는 단어는 모음 발음기호 위에 ´표시나 ˋ표시로 강세를 나타내지. 이중모음일 때는 앞쪽의 모음 위에 강세를 표시해. ´표시는 제1 강세로 가장 강하게 발음하고 ˋ표시는 제2 강세로 그다음으로 강하게 발음해.

orange[ɔ́(:)rindʒi]는 ɔ에 강세가 있으므로 ɔ를 강하게 발음해.

notebook[nóutbùk]은 ou에 제1 강세가 있으므로 ou를 가장 강하게 발음하고, u에 제2 강세가 있으므로 u를 그다음으로 강하게 발음해.

모든 단어에 다 들어맞는 뚜렷한 강세의 규칙은 없어. 특히 2음절의 경우는 일일이 외워야 해. 그러나 다음과 같은 몇 가지 사실을 알면 단어의 강세를 익히는 데 많은 도움이 될 거야. 이것을 외우려 들지 말고 시간이 있을 때 수시로 보면서 발음 연습을 해 봐. 그러면 수월하게 강세를 익히게 될 거야.

(1) 2음절어의 대다수(3/4)는 첫음절에 강세가 와.

áfter, álways, áutumn, cénter, évery, pówer, tícket, móther, hóney, bétter, kítchen

(2) 모음이 두 개 이상 연속으로 나오는 음절과 이중모음, 장모음에 강세가 와.

agáin, alóud, alréady, beáutiful, fréedom, dáughter, succéed, tróuble, compláin, héavy, caréer, sílence, sácred, divíne, fatígue, refúse

(3) 이중자음 앞의 모음에 강세가 있어.

háppy, áccident, bútter, dífferent, dínner, hóbby, tomórrow, háppen, fúnny, súmmer

(4) 접두어, 접미어에는 강세가 없고 어간에 강세가 와.

retúrn, dishónest, unháppy, expórt, impóssible, háppiness, úseless

(5) 합성명사는 앞에 제1 강세가 오고, 뒤에 제2 강세가 와.

bédroòm, foótbàll, bírthdày, hómewòrk, ráinbòw, snówmàn

(6) 합성동사는 앞에 제2 강세가 오고, 뒤에 제1 강세가 와.

ùnderstánd, ùndertáke, òutdó, òutrún, òverloók, òverhéar, ùphóld

(7) self/selves, teen, ever, ese, ique, ental, end는 그 자체에 강세가 와.

hersélf, oursélves, seventéen, whoéver, foréver, Japanése, technique, experiméntal, comprehénd

(8) 어미가 –ion, –eon, –ity, –ety, –ic(al), –ian, –ial, –ious, –eous, –uous, –ify, –sive, –ior, –ury, –meter, –ance, –ant로 끝나는 경우에는 그 바로 앞에 있는 음절에 강세가 와.

fáshion, atténtion, pígeon, ability, variety, cómic, histórical, musícian, spécial, ánxious, górgeous, contínuous, idéntify, progréssive, inférior, lúxury, barómeter, ínstance, repéntance, ínstant, repéntant

(9) 3음절 이상의 음절에는 뒤에서부터 세 번째 음절에 강세가 와.

hóspital, víctory, góvernor, ófficer, cámera, mínimum, Ítaly, América, Wáshington, demócracy

(10) 어미가 –ate, –ite, –ize, –ise, –ment, –ence, –ent로 끝나는 경우에는 그보다 2개 앞에 있는 음절에 강세가 와.

ádequate, tólerate, áppetite, fávorite, útilize, réalize, ádvertise, cómpromise, góvernment, ímplement, cónsequence, cónfidence, cónsequent, cónfident, íncident

(11) 한 단어가 명사와 동사로 쓰일 때 명사일 때는 앞 음절에 강세가 오고 동사일 때는 뒤 음절에 강세가 와.

cónduct	n 행위
condúct	v 행동하다

récord	n 기록
recórd	v 기록하다

désert	n 사막
desért	v 버리다

próduce	n 농산물
prodúce	v 생산하다

dígest	n 요약
digést	v 소화하다

2) 낱말 사이의 강세

둘 이상의 낱말이 모여 일정한 뜻을 나타낼 때에도 낱말의 역할에 따라 특히 강하게 발음하는 낱말이 있어.

'형용사+명사'로 이루어진 경우는 명사에 강세가 있음.
'명사+명사'로 이루어진 경우는 앞의 명사에 강세가 있음.
'동사+부사'로 이루어진 경우는 부사에 강세가 있음.
'동사+전치사'로 이루어진 경우는 동사에 강세가 있음.
'동사+형용사'로 이루어진 경우는 형용사에 강세가 있음.
'부사+형용사'로 이루어진 경우는 형용사에 강세가 있음.

형용사+명사	a pretty gírl, yellow flówers
명사+명사	lífe style, a flówer garden
동사+부사	get úp, come ón, hurry úp
동사+전치사	loók at, waít for
동사+형용사	is ríght, is trúe, look néw
부사+형용사	very beáutiful, pretty interesting, quite góod

3) 문장 강세

문장 속에서 그 낱말이 중요한 뜻을 지니거나 그 낱말에 중점을 두고 강조할 때 다른 낱말보다 강하게 발음하는데 이를 문장 강세라 하지.

(1) 품사와 강세

문장 속에서 강세가 있는 품사와 강세가 없는 품사가 있는데 명사, 지시대명사, 의문사, 형용사, 부사, 본동사에는 강세가 있고, 관사, 인칭대명사, 소유대명사, 부정대명사, be 동사, 조동사, 전치사, 접속사에는 강세가 없는 것이 원칙이야. 하지만 경우에 따라 달라지는 수도 있어.

> **해설** be 동사, 조동사가 문 끝에 올 때는 강세를 가지지.
> Yés, it ís.   Yés, she wás.   Yés, I háve.   Yés, I dó.
> Yés, I cán.   Yés, you máy.   Yés, he wíll.
>
> 동사가 도치되었을 때는 동사가 강세를 가지지 않아.
> Dówn came the snów. (The snów cáme dówn.) / 눈이 내렸다.
>
> 유도부사(there)는 강세를 가지지 않아.
> There is a bóok on the désk. / 책상 위에 책이 한권 있다.
>
> 전치사가 문 앞에 오면 강세를 가지지.
> Ín spring the whóle wórld becómes gréen. / 봄에는 온 세상이 푸르러진다.
>
> 반복되는 말에는 강세가 사라져.
> Dó in Róme as the Rómans do. / 로마 사람들이 행하는 대로 로마에서는 행하라.

(2) 문맥과 강세

특히 강조하는 낱말이나 가장 분명하게 전달하고 싶은 낱말 또는 대조되는 낱말에 강세를 두지.

① 강조할 때

말을 할 때 상대방에게 무엇을 가장 분명하게 전하고 싶은가에 따라 강세를 두는 낱말이 달라져.

> He met Jane on the street yesterday.
> 그는 어제 길에서 제인을 만났다.

위 문장에서 다른 사람이 아닌 바로 '그'가 만났다는 것을 강조할 경우에는 He를 강하게 발음해.

> Hé met Jane on the street yesterday.

다른 사람이 아닌 바로 '제인'을 만났다는 것을 강조할 경우에는 Jane을 강하게 발음해.

> He met Jáne on the street yesterday.

다른 곳이 아닌 바로 '길'에서 만났다는 것을 강조할 경우에는 street를 강하게 발음해.

> He met Jane on the stréet yesterday.

다른 때가 아니고 바로 '어제' 만났다는 것을 강조하는 경우에는 yesterday를 강하게 발음해.

> He met Jane on the street yésterday.

② 대조할 때

대조되는 낱말에 각각 강세를 두지.

Some are réd, some are blúe.
어떤 것은 빨갛고, 어떤 것은 파랗다.

I was busy thén, but I'm not busy nów.
나는 그때는 바빴으나 지금은 바쁘지 않다.

Bétty dances better than Í do.
베티는 나보다 춤을 더 잘 춘다.

③ 문장과 문장 사이의 관계에서
앞 문장과의 내용에 따라 강세를 둘 수 있어.

Is it by the sofa?   　　　Nó, It's ón the sofa.
그것이 소파 옆에 있느냐?   　　　아니, 소파 위에 있어.

If you wánt me to, I'll cáll her.
내가 하기를 원한다면 내가 그녀에게 전화할게.

04 문장의 억양(Intonation)

우리가 말을 하거나 글을 읽을 때는 말의 속도나 음성의 강약으로 감정을 나타내는데, 이 문장의 높낮이를 억양이라고 해.

예를 들어 "Good morning."이라는 문장을 "Good morning."(↘)하고 끝을 내려 말하면 흔히 말하는 아침 인사이지만, "Good morning."(↗)하고 끝을 올려 말하면 "안녕!", "잘 가!"라는 헤어질 때의 인사가 되지. 따라서 문장의 높낮이는 감정과 의미의 미묘한 차이를 표현하는 데 중요한 역할을 해.

1. 평서문의 억양

문장 끝을 내려 읽어.

It was cloudy yesterday.
어제는 날씨가 흐렸다.

They are very diligent.
그들은 아주 부지런하다.

She hasn't said a word.
그녀는 한마디도 하지 않았다.

She likes tea but not coffee.
그녀는 차는 좋아하지만 커피는 좋아하지 않는다.

They are spring, summer, autumn, and winter.
그것들은 봄, 여름, 가을 그리고 겨울이다.

We eat at a drugstore, a cafeteria, or a restaurant.
우리는 드러그스토어, 카페테리아 또는 레스토랑에서 식사를 한다.

> **해설** 콤마나 대등접속사로 연결하여 같은 성질의 것을 열거할 때 마지막 단어만 내려 읽고 나머지는 모두 끝을 올려 읽어.

2. 의문문의 억양

1) 의문사가 없는 의문문

문장 끝을 올려 읽어.

Are you ready?
준비가 되었느냐?

Can you show me the way?
길 좀 가르쳐 주시겠습니까?

Did you have a good time?
재미있게 지냈느냐?

Shall we dance?
우리 춤출까요?

Have you been to America?
미국에 가 본 적이 있느냐?

2) 의문사가 있는 의문문

문장 끝을 내려 읽어.

What are you looking for?
너는 무엇을 찾고 있느냐

Why did you call me yesterday?
어제 왜 전화를 하였느냐?

When does the concert start?
연주회는 언제 시작합니까?

Where is the light switch?
전등 스위치가 어디 있습니까?

How was the weather?
날씨는 어떠하였느냐?

What color is it?
그것은 무슨 색깔이냐?

What season do you like?
어느 계절을 좋아하느냐?

3) 선택의문문

or 앞의 것을 **올려** 읽고 뒤의 것을 **내려** 읽어.

Which do you like better, summer or winter?
여름과 겨울 중 어느 쪽을 더 좋아하느냐?

Will you have orange or lemon?
오렌지주스를 드시겠습니까 아니면 레몬주스를 드시겠습니까?

Does he get up early or late?
그는 일찍 일어나느냐 아니면 늦게 일어나느냐?

3. 명령문의 억양

문장 끝을 내려 읽어.

Look at the sky.
하늘을 보아라.

Wait a minute.
잠깐만 기다려.

Write your name here.
여기에 당신의 이름을 쓰시오.

Don't open the box.
그 상자를 열지 마라.

Let's have a surprise party!
기습 파티를 열자!

4. 감탄문의 억양

문장 끝을 내려 읽어.

That's really wonderful!
그것 정말로 멋지구나!

Oh, how nice it is!
야, 정말 좋겠구나!

What a beautiful coast!
정말 아름다운 해변이구나!

How foolish I was!
내가 얼마나 어리석었는지!

What a large zoo it is!
참으로 커다란 동물원이구나!

05 끊어 읽기(Breath Group)

문장이 간단하고 의미가 분명할 때는 끊어 읽지 않는 것이 원칙이야. 하지만 긴 문장을 읽을 때는 중간에서 끊어 읽지. 첫째는 숨을 쉬기 위해서이고, 두 번째는 뜻을 분명하게 전달하기 위해서야.

긴 문장을 읽을 때 어디에서 끊어 읽어야 하는지에 대해 뚜렷이 정해진 규칙은 없어. 하지만 대체로 다음과 같은 경우에 끊어 읽지.

1. , ; : — 등의 구두점이 있을 때

She likes lilies, / roses, / lilacs.
그녀는 백합, 장미, 라일락을 좋아한다.

I don't want to go; / it's dangerous.
나는 가고 싶지 않다; 그것은 위험하다.

I'll tell you the truth: / it can't be done.
사실을 말하겠다: 그것을 할 수 없다.

It's seven o'clock now —/ the time to go home.
이제 일곱 시다. — 집에 가야 할 시간이다.

> 호칭은 콤마가 있어도 끊지 않고 앞 말에 붙여 읽어.
> Yes, sir. 네, 알겠습니다.
> Come back, Dick! 돌아오너라, 딕!

2. 삽입어구의 앞뒤에서

I may, / indeed, / be wrong.
하긴 내 잘못일지도 모르겠다.

Chris, / however, / has a different opinion.
하지만 크리스는 의견이 다르다.

The birds, / for example, / start singing at dawn.
예를 들어 새들은 새벽에 지저귀기 시작한다.

Our life is, / so to speak, / a morning dew.
우리 인생이란 이를테면 아침 이슬과 같은 것이다.

The book, / I think, / is very interesting.
내 생각에는 그 책은 매우 재미있다.

He is, / as it were, / a living dictionary.
그는 말하자면 살아 있는 사전이다.

3. 대등절의 대등접속사 앞에서

I am I / and you are you.
나는 나고 너는 너다.

Some are singing, / and others are dancing to the music.
노래를 부르는 사람들도 있고, 음악에 맞추어서 춤추는 사람들도 있다.

The Niagara Falls are not very high, / but they are very wide.
나이아가라 폭포는 별로 높진 않지만, 아주 넓다.

He has to do his homework now, / or he will have to do it tomorrow.
그는 지금 숙제를 해야 한다. 그렇지 않으면 내일 그것을 해야만 할 것이다.

4. 주절과 종절(명사절, 형용사절, 부사절) 사이에서

접속사는 뒤에 붙여 읽어.

I think / that she is wonderful.
나는 그녀가 멋지다고 생각한다.

No one knows / who invented them.
아무도 누가 그것들을 창안했는지 모른다.

Do you know / where she lives?
그녀가 어디에 사는지 아느냐?

Can you tell me / how you got it?
어떻게 그것을 얻었는지 말해 줄 수 있느냐?

I doubt / if he will come tomorrow.
그가 내일 올지 의심스럽다.

Some people / who know him / say so.
그를 아는 몇몇 사람들은 그렇게 말한다.

Ann, / who lives next door, / is very friendly.
앤은 옆집에 사는데 매우 친절하다.

He has a car / which is expensive.
그는 값비싼 차를 갖고 있다.

The day / when I start for my journey / is drawing near.
여행 출발의 날이 가까워지고 있다.

Tina was very tired / when she arrived home.
집에 도착했을 때, 티나는 매우 피곤하였다.

Life is nothing / if there is no love in it.
인생은 그 속에 사랑이 없으면 아무 것도 아니다.

Though she is poor, / she is happy.
그녀는 가난하지만 행복하다.

5. 주부가 길 때

The longest river in the world / is the Amazon.
세계에서 가장 긴 강은 아마존 강이다.

Our answer to that question / is summer or winter.
그 질문에 대한 우리의 대답은 여름이나 겨울이다.

The story of the fox and the cat / is fun.
여우와 고양이의 이야기는 재미있다.

6. 부사구 앞뒤에서

전치사는 그 목적어에 붙여 읽어.

By eleven o'clock / everybody was sleeping.
열한시 무렵에 모두가 잠자고 있었다.

She gets up early / in the morning.
그녀는 아침에 일찍 일어난다.

There was a white carnation / beside the tomb.
무덤 옆에 하얀 카네이션이 한 송이 있었다.

Let's go swimming / in the river.
강으로 수영하러 가자.

Annie Sullivan was born / in a poor family / in 1866.
애니 설리번은 1866년에 한 가난한 가정에서 태어났다.

7. 생략된 곳에서

To advance was difficult, / to retreat / impossible.
전진한다는 것은 어려운 일이었고, 후퇴한다는 것은 불가능한 일이었다.

To advance was difficult, to retreat (was) impossible.

Saying is one thing / and doing / another.
말하는 것과 행하는 것은 다르다.

Saying is one thing and doing (is) another.

An ox is taken by the horns, / and a man / by the tongue.
황소는 뿔 때문에 잡히고, 사람은 혀 때문에 잡힌다.

An ox is taken by the horns, and a man (is taken) by the tongue.

8. 강조하는 말의 앞뒤에서

I want a bottle of / cider, / not coke.
나는 콜라가 아니라 사과주스 한 병을 원한다.

 의미상 밀접한 관계가 있는 다음과 같은 경우는 붙여 읽어.

• 관사 · 명사	a girl
• 관사 · 형용사 · 명사	a pretty girl
• 관사 · 부사 · 형용사 · 명사	a very pretty girl
• 조동사 · 본동사	can do
• 부사 · 형용사	very diligent
• 부사 · 부사	very slowly
• 동사 · 부사	work hard
• 동사 · 보어	is wonderful
• 동사 · 목적어	study English

06 명사의 복수형

> 단수명사: 하나의 것을 나타내는 명사
> 복수명사: 두 개 이상의 것을 나타내는 명사

1. 명사의 복수형을 만드는 방법

1) 대부분의 명사는 단수형 명사 어미에 s를 붙여.

   boy(소년) ➡ boys　　　　girl(소녀) ➡ girls
   friend(친구) ➡ friends　　apple(사과) ➡ apples
   book(책) ➡ books　　　　brother(형제, 형, 동생) ➡ brothers

2) -s, -ss, -sh, -ch[tʃ], -x로 끝나는 명사는 어미에 es를 붙여.

   bus(버스) ➡ buses　　　class(교실, 수업) ➡ classes
   dish(접시) ➡ dishes　　 fox(여우) ➡ foxes
   box(상자) ➡ boxes　　　bench(긴 의자) ➡ benches

3) '자음+o'로 끝나는 명사는 어미에 es를 붙여.

   hero(영웅) ➡ heroes　　tomato(토마토) ➡ tomatoes
   potato(감자) ➡ potatoes　zero(0) ➡ zeroes/zeros

   > 예외) piano(피아노) ➡ pianos, photo(사진) ➡ photos

4) '자음+y'로 끝나는 명사는 y를 i로 고치고 es를 붙여.

baby(아기) ➡ babies
family(가족) ➡ families
city(도시) ➡ cities
lady(숙녀) ➡ ladies
story(이야기) ➡ stories
hobby(취미) ➡ hobbies

> '모음+y'의 경우는 그대로 s만 붙여.
> boy(소년) ➡ boys, key(열쇠) ➡ keys

5) f 또는 fe로 끝나는 명사는 f나 fe를 v로 고치고 es를 붙여.

leaf(나뭇잎) ➡ leaves
life(삶, 생명) ➡ lives
knife(칼) ➡ knives
half(절반) ➡ halves
wife(부인, 아내) ➡ wives
scarf(목도리) ➡ scarves/scarfs
handkerchief(손수건) ➡ handkerchieves/handkerchiefs

> f, fe 다음에 s를 붙이는 경우
> roof(지붕) ➡ roofs, chief(장, 우두머리) ➡ chiefs, safe(금고) ➡ safes

6) 불규칙적으로 변하는 복수형

man(남자) ➡ men
foot(발) ➡ feet
goose(거위) ➡ geese
child(어린이) ➡ children
woman(여자) ➡ women
tooth(이) ➡ teeth
mouse(생쥐) ➡ mice
ox(황소) ➡ oxen

7) 단수와 복수형의 모양이 같은 명사

deer(사슴), sheep(양), swine(돼지, 욕심쟁이), salmon(연어), series(연속, 총서), fish/fishes(물고기)

> three fish: 물고기 세 마리   three fishes: 세 종류의 물고기(three kinds of fish)

2. 복수형 어미 (e)s의 발음

1) 어미가 유성음인 경우는 [-z]로 발음돼.

   bag(가방) ➡ bags[bægz]   girl(소녀) ➡ girls[gəːrlz]
   son(아들) ➡ sons[sʌnz]   song(노래) ➡ songs[sɔːŋz]
   door(문) ➡ doors[dɔːrz]   eye(눈) ➡ eyes[aiz]

   > 어미가 d로 끝나는 경우는 d와 s가 합쳐져 [dz][즈]로 발음돼.
   > friend(친구) ➡ friends[frendz], hand(손) ➡ hands[hændz], road(길) ➡ roads[roudz]

2) 어미가 무성음인 [p], [k], [f], [t], [θ]인 경우는 [-s]로 발음돼.

   tape(끈, 테이프) ➡ tapes[teips]   cup(컵, 찻잔) ➡ cups[kʌps]
   book(책) ➡ books[buks]   roof(지붕) ➡ roofs[ruːfs]
   cough(기침) ➡ coughs[kɔːfs]   month(달) ➡ months[mʌnθs]

   > 어미가 t로 끝나는 경우는 t와 s가 합쳐져 [ts][츠]로 발음돼.
   > cat(고양이) ➡ cats[kæts], pet(애완동물) ➡ pets[pets], sport(운동) ➡ sports[spɔːrts]

3) 어미 발음이 [s], [z], [ʃ], [tʃ], [dʒ]인 경우는 [-iz]로 발음돼.

   bus(버스) ➡ buses[bʌsiz]   box(상자) ➡ boxes[baksiz]
   rose(장미) ➡ roses[rouziz]   dish(접시) ➡ dishes[diʃiz]
   bench(긴 의자) ➡ benches[bentʃiz]   orange(오렌지) ➡ oranges[ɔːrindʒiz]

3. 복수명사 앞에 붙이는 말들

1) 복수명사 앞에 지시형용사 '이', '저'를 붙일 때는 these, those를 써.

   this book(이 책) ➡ these books(이 책들)
   that flower(저 꽃) ➡ those flowers(저 꽃들)

2) '약간의', '몇몇의'라는 뜻으로 확실하지 않은 숫자를 말할 때는 some을 써.

　　an apple(사과 한 개), two apples(사과 두 개), some apples(사과 몇 개)

3) 확실하지 않은 막연한 수를 나타낼 때 의문문이나 부정문에서는 some 대신 any를 써.

　Do you have any friends here?
　당신은 이곳에 친구들이 있습니까?

　I don't have any friends here.
　나는 이곳에 친구가 아무도 없습니다.

　cf. I have some friends here.
　　　나는 이곳에 친구들이 몇 명 있습니다.

> **참고**
> 특정한 것을 가리킬 때는 this, that, my, your, his, her 등이 붙은 단수 명사를 쓰고, 일반적인 것을 가리킬 때는 복수 명사를 써.
>
> Lucy likes that food.　　　　　Jenny likes pears.
> 루시는 그 음식을 좋아한다.　　제니는 배를 좋아한다.

연습문제

1. 다음 단어들의 복수형을 써 봅시다.

address (주소)		daughter (딸)	
age (나이)		day (날)	
airplane (비행기)		deer (사슴)	
apple (사과)		doll (인형)	
arm (팔)		donkey (당나귀)	
baby (아기)		door (문)	
bag (가방)		egg (달걀)	
ball (공)		eye (눈)	

banana (바나나)		father (아버지)	
bank (은행, 둑)		flower (꽃)	
basket (바구니)		foot (발)	
bath (목욕)		fox (여우)	
beach (바닷가)		gentleman (신사)	
bird (새)		goose (거위)	
boat (배)		grape (포도)	
body (몸)		hand (손)	
box (상자)		hat (모자)	
bridge (다리)		horse (말)	
brush (빗, 솔)		knee (무릎)	
bus (버스)		knife (칼)	
candle (양초)		lady (숙녀)	
candy (사탕)		life (생활, 생명)	
cap (모자)		match (성냥, 시합)	
card (엽서)		meal (식사)	
cat (고양이)		mountain (산)	
chair (의자)		movie (영화)	
child (어린이)		nurse (간호사)	
chopstick (젓가락)		orange (오렌지)	
city (도시)		paper (종이)	
classmate (반 친구)		pear (배)	
cloud (구름)		prince (왕자)	
coffee (커피)		roof (지붕)	
color (색)		sheep (양)	
country (시골, 나라)		tomato (토마토)	
cousin (사촌)		wolf (늑대)	

2. 빈칸에 주어진 단어들의 복수형을 써넣어 봅시다.

   1) Give me five fresh _____. (apple)
      싱싱한 사과 다섯 개 주세요.

2) The _____ are waving to their _____. (girl, friend)
소녀들이 친구들에게 손을 흔들고 있다.

3) The _____ are out in a field. (animal)
동물들이 들판에 나와 있다.

4) You don't have _____ today? (class)
오늘 수업이 없니?

5) _____ and _____ enjoy eating _____ as snacks. (fox, wolf, rat)
여우와 늑대는 쥐를 간식으로 먹는 것을 좋아한다.

6) Would you take the _____ away? (dish)
이 접시들 좀 치워 주시겠어요?

7) Give me some _____. (tomato)
토마토 좀 주세요.

8) You have two _____? (car)
차 두 대를 갖고 계신 건가요?

9) Do you like the _____? (flower)
그 꽃들이 마음에 드나요?

10) They are _____. (baby)
그들은 아기들입니다.

11) Give me about seven _____. (lily)
백합 일곱 송이 가량 주세요.

12) I have many _____. (hobby)
나는 많은 취미가 있다.

13) Please raise your _____. (glass)
여러분의 잔들을 들어 주세요.

14) She played with _____. (doll)
그녀는 인형들을 가지고 놀았다.

15) Does it have four _____? (leaf)
그것은 잎이 4개인가요?

16) We are _____. (twin)
우리는 쌍둥이다.

17) They wear _____, _____ and _____. (hat, scarf, mask)
그들은 모자, 목도리, 마스크를 쓴다.

18) _____ are feeding _____ at the water's edge. (child, goose)
아이들이 물가에서 거위들에게 먹이를 주고 있다.

19) The snake lives on _____, _____, and _____. (frog, mouse, rat)
뱀은 개구리, 생쥐, 쥐들을 잡아먹고 산다.

20) He stays with the _____ all day. (sheep)
그는 온종일 양들과 지냅니다.

해 답

1.

address (주소)	addresses	daughter (딸)	daughters
age (나이)	ages	day (날)	days
airplane (비행기)	airplanes	deer (사슴)	deer
apple (사과)	apples	doll (인형)	dolls
arm (팔)	arms	donkey (당나귀)	donkeys
baby (아기)	babies	door (문)	doors
bag (가방)	bags	egg (달걀)	eggs
ball (공)	balls	eye (눈)	eyes
banana (바나나)	bananas	father (아버지)	fathers
bank (은행, 둑)	banks	flower (꽃)	flowers
basket (바구니)	baskets	foot (발)	feet
bath (목욕)	baths	fox (여우)	foxes
beach (바닷가)	beaches	gentleman (신사)	gentlemen
bird (새)	birds	goose (거위)	geese
boat (배)	boats	grape (포도)	grapes
body (몸)	bodies	hand (손)	hands
box (상자)	boxes	hat (모자)	hats
bridge (다리)	bridges	horse (말)	horses
brush (빗, 솔)	brushes	knee (무릎)	knees
bus (버스)	buses	knife (칼)	knives
candle (양초)	candles	lady (숙녀)	ladies
candy (사탕)	candies	life (생활, 생명)	lives
cap (모자)	caps	match (성냥, 시합)	matches

card (엽서)	cards		meal (식사)	meals
cat (고양이)	cats		mountain (산)	mountains
chair (의자)	chairs		movie (영화)	movies
child (어린이)	children		nurse (간호사)	nurses
chopstick (젓가락)	chopsticks		orange (오렌지)	oranges
city (도시)	cities		paper (종이)	papers
classmate (반 친구)	classmates		pear (배)	pears
cloud (구름)	clouds		prince (왕자)	princes
coffee (커피)	coffees		roof (지붕)	roofs
color (색)	colors		sheep (양)	sheep
country (시골, 나라)	countries		tomato (토마토)	tomatoes
cousin (사촌)	cousins		wolf (늑대)	wolves

2.

1) Give me five fresh apples.

2) The girls are waving to their friends.

3) The animals are out in a field.

4) You don't have classes today?

5) Foxes and wolves enjoyed eating rats as snacks.

6) Would you take the dishes away?

7) Give me some tomatoes.

8) You have two cars?

9) Do you like the flowers?

10) They are babies.

11) Give me about seven lilies.

12) I have many hobbies.

13) Please raise your glasses.

14) She played with dolls.

15) Does it have four leaves?

16) We are twins.

17) They wear hats, scarves and masks.

18) Children are feeding geese at the water's edge.

19) The snake lives on frogs, mice, and rats.

20) He stays with the sheep all day.

07 인칭대명사의 변화

인칭이라는 말은 사람이 일컫는다는 뜻인데 말을 하는 사람, 말을 듣는 사람, 화제에 오르는 것을 가리키는 대명사를 인칭대명사라 해.

즉 I, we, you, he, she, it, they 등이 인칭대명사야.

이 인칭대명사는 인칭과 수, 격에 따라 그 형태가 다른데 다음과 같이 변하지.

인칭	격	주격	목적격	속격
제1인칭	단수	I (나는)	me (나를)	my (나의)
	복수	we (우리는)	us (우리를)	our (우리의)
제2인칭	단수	you (너는)	you (너를)	your (너의)
	복수	you (너희들은)	you (너희들을)	your (너희들의)
제3인칭	단수	he (그는)	him (그를)	his (그의)
		she (그녀는)	her (그녀를)	her (그녀의)
		it (그것은)	it (그것을)	its (그것의)
	복수	they (그들은)	them (그들을)	their (그들의)

 제1인칭: 1인칭은 말을 하는 사람을 말해. 즉 I, we가 1인칭이야.
제2인칭: 2인칭은 말을 듣는 사람을 말해. you가 2인칭이야.
제3인칭: 3인칭은 화제에 오르는 사람, 동·식물, 사물 등을 말해. 즉 1인칭과 2인칭을 제외한 나머지 모든 것을 3인칭이라고 해. he, she, it, they, Tom, boy, dog, tree 등이 3인칭이야.

> **해설** 격: 격이란 문장에서 명사나 대명사의 서로 간의 문법적 관계 표시를 말하는 거야. 격에는 주격, 목적격, 속격(소유격)이 있어.
> 　우리말에서는 주격은 주격토씨 '이, 은, 는, 가'를 붙여 나타내고, 목적격은 목적격토씨 '을, 를'을 붙여 나타내고, 속격은 속격토씨 '의'를 붙여 나타내지.
> 　하지만 영어의 인칭대명사는 주격, 목적격, 속격의 모양을 다르게 하여 나타내.

> **참고**
> 토씨(조사): 어떤 말에 붙어 그 말과 다른 말과의 문법적 관계를 나타내는 단어야.
> 주격토씨: 주어임을 나타내 주는 말이야.
> 목적격토씨: 목적어임을 나타내 주는 말이야.
> 속격토씨: 소속 관계를 나타내 주는 말이야.
>
> 예) "철수가 영희의 책을 빌려갔다."에서 '가'는 '철수'가 주어임을 나타내 주는 주격토씨이고, '을'은 '책'이 목적어임을 나타내 주는 목적격토씨이며, '의'는 '영희'에 속해 있음을 나타내 주는 속격토씨야.

1) **주격**: 문장의 주어로 쓰여.

I work here.
나는 여기서 일한다.

We won the game by two points.
우리가 2점차로 그 경기를 이겼다.

You are a lucky man.
당신은 운이 좋은 사람이다.

You are the flowers.
여러분들은 꽃이네요.

He is handsome.
그는 잘생겼다.

She is dancing now.
그녀는 지금 춤추고 있다.

They are very delicious.
그것들은 매우 맛있다.

It is very nice.
그것은 매우 멋지다.

2) **목적격**: 동사와 전치사의 목적어로 쓰여.

Do you love me?
나를 사랑하나요?

Jackson met us yesterday.
잭슨은 어제 우리를 만났다.

I will help you.
내가 너를 도와주겠다.

We will invite you to the party.
우리는 파티에 여러분을 초대할 것이다.

I often see him.
나는 자주 그를 만난다.

I will always love her.
나는 항상 그녀를 사랑할 거야.

I must wash them.
나는 그것들을 씻어야만 한다.

Yes, I'll bring it.
네, 그것을 가져오겠습니다.

She smiled at me.
그녀는 나에게 미소를 지었다.

I'd like to travel with you.
나는 너와 함께 여행하고 싶다.

Don't worry about them.
그것들에 대해 걱정하지 마라.

3) **속격**: 명사의 앞에 형용사로 쓰여 소속 관계를 나타내.

My watch is five minutes fast.
내 시계는 5분 빠르다.

Our dream has come true.
우리의 꿈이 실현되었다.

Wash your hands often.
당신의 손을 자주 씻으시오.

Your names are on a list.
너희들의 이름이 명부에 있다.

He worked hard on his farm.
그는 그의 농장에서 열심히 일했다.

She lives for her work.
그녀는 자기의 일을 위해 산다.

Their breakfast is ready.
그들의 아침 식사가 준비되었다.

Its skin is smooth.
그것의 껍질은 부드럽다.

 소유대명사

소유대명사는 '인칭대명사의 속격+명사'를 하나의 대명사를 사용하여 소유의 의미를 나타내는 인칭대명사를 말하는 거야.

제1인칭	mine (my+단수명사, my+복수명사)
	ours (our+단수명사, our+복수명사)
제2인칭	yours (your+단수명사, your+복수명사)
	yours (your+단수명사, your+복수명사)
제3인칭	his (his+단수명사, his+복수명사)
	hers (her+단수명사, her+복수명사)
	theirs (their+단수명사, their+복수명사)

This book is mine. (※ mine = my book)
이 책은 내 책이다.

These books are mine. (※ mine = my books)
이 책들은 내 책들이다.

 This book is mine(=This is my book.)에서 mine은 my book의 뜻이고, These books are mine(=These are my books.)에서 mine은 my books의 뜻이야. 이와 같이 소유대명사는 단수·복수의 형태가 같아.

This house is ours.
이 집은 우리들의 집이다.

They put their bags beside ours.
그들은 그들의 가방을 우리들 것 옆에 놓았다.

Our team beat yours.
우리 팀이 너희 팀을 이겼다.

Those jackets are yours.
그 재킷들은 너희들의 것들이다.

This car is his.
이 차는 그의 차다.

These things are his.
이 물건들은 그의 물건들이다.

That umbrella is not hers.
저 우산은 그녀의 것이 아니다.

Those aren't hers.
그것들은 그녀의 것들이 아니다.

Theirs is good.
그들의 것은 좋다.

These notebooks are theirs.
이 공책들은 그들의 것들이다.

08 수

> 기수: one, two, three… 수를 나타내는 데 기초가 되는 수, 즉 보통의 수
> 서수: first, second, third… 순서를 나타내는 수

	기 수		서 수		기 수		서 수
1	one	1st	first	17	seventeen	17th	seventeenth
2	two	2nd	second	18	eighteen	18th	eighteenth
3	three	3rd	third	19	nineteen	19th	nineteenth
4	four	4th	fourth	20	twenty	20th	twentieth
5	five	5th	fifth	21	twenty-one	21st	twenty-first
6	six	6th	sixth	22	twenty-two	22nd	twenty-second
7	seven	7th	seventh	23	twenty-three	23rd	twenty-third
8	eight	8th	eighth	24	twenty-four	24th	twenty-fourth
9	nine	9th	ninth	30	thirty	30th	thirtieth
10	ten	10th	tenth	40	forty	40th	fortieth
11	eleven	11th	eleventh	50	fifty	50th	fiftieth
12	twelve	12th	twelfth	60	sixty	60th	sixtieth
13	thirteen	13th	thirteenth	70	seventy	70th	seventieth
14	fourteen	14th	fourteenth	80	eighty	80th	eightieth
15	fifteen	15th	fifteenth	90	ninety	90th	ninetieth
16	sixteen	16th	sixteenth	100	one hundred	100th	one hundredth

1. 기수

1~12는 고유한 형태가 있고, 13~19의 수는 -teen으로 끝나는데 철자가 다소 달라지는 것도 있어. ※ thirteen, fifteen, eighteen

20~90의 10단위는 -ty로 끝나.

21~99의 수는 십의 자리와 일의 자리 사이에 하이픈(-)을 넣어.

100이상의 수는 hundred 다음에 and를 넣지. 100의 자리가 0일 때도 and를 써서 연결해. thousand 다음에는 and를 넣지 않으며 콤마를 두기도 해.

56	fifty-six
69	sixty-nine
101	one hundred and one
108	one hundred and eight
127	one hundred and twenty-seven
1,000	one thousand
1,346	one thousand three hundred and forty-six
2,005	two thousand and five
10,000	ten thousand
100,000	one hundred thousand

2. 서수

서수 앞에는 the를 붙여.

first, second, third 외에는 '기수+th' 형태로 되어 있는데 철자가 다소 달라지는 것도 있어. ※ fifth, eighth, ninth, twelfth

-th를 붙일 때 기수의 어미가 -y일 때는 y를 ie로 고치고 -th를 붙여. 즉 y→ie+th

제21 이상의 서수는 마지막의 수사를 서수로 해.

서수는 편의상 1st, 2nd, 3rd, 4th, 5th…와 같이 숫자로 표시하기도 하지. 이와 같이 줄여서 쓰는 경우에는 마지막 두 자를 써.

101st	one hundred and first
102nd	one hundred and second
1,000th	one thousandth
10,000th	ten thousandth
100,000th	one hundred thousandth

3. 수 읽는 법

1) 일반 숫자

(1) 0은 zero[zí(ː)rou/zíərou], naught[nɔːt], oh[ou]로 읽어. 100의 자리는 100의 자리(hundred) 다음에 and를 넣어 읽는데, 100의 자리가 0일 때도 and를 넣어 읽어. 그런데 미국 영어에서는 and를 생략하기도 해.

102	one hundred and two
511	five hundred and eleven
620	six hundred and twenty
546	five hundred and forty-six

(2) 1000 이상의 수는 세 자리마다 comma를 두고 읽는데 thousand 다음에는 and를 넣지 않아.

1,212	one thousand, two hundred and twelve
3,467	three thousand, four hundred and sixty-seven
4,600	four thousand, six hundred
5,070	five thousand and seventy
7,038	seven thousand and thirty-eight
9,002	nine thousand and two
1,000	one thousand
10,000	ten thousand
100,000	one hundred thousand

2) 연대: 두 자리씩 끊어 읽어.

1700	seventeen hundred	1906	nineteen six
1860	eighteen sixty	2019	twenty nineteen
2000	twenty hundred, (the year) two thousand		

3) 날짜(월·일): 기수, 서수로 모두 읽을 수 있어.

Sep. 5	September (the) fifth, September five (미국)
	the fifth of September (영국)
Oct. 9, 2021	October (the) ninth(또는 October nine), twenty twenty-one

4) 시간(시각): 시+분 (미국), 분+전치사+시 (영국)

6:30 a.m.	six thirty a.m.[éiém]
1:25 p.m.	one twenty-five p.m.[píːém]
7:45 p.m.	seven forty-five p.m.[píːém]
8.30 a.m.	thirty minutes past eight a.m.[éiém]
8.45 p.m.	a quarter to nine p.m.[píːém]

> **참고**
> past = after, to = before
> a.m. = before noon
> p.m. = after noon
> a.m., p.m.은 시간과 함께 쓸 때 반드시 그 뒤에 오며, o'clock과 함께는 쓰지 않아.

5) 전화번호: 국번 다음에는 comma를 두며, 한 자리씩 읽어.

2451-1860	two four five one, one eight six O[ou] (*or* zero)
5643-2911	five six four three, two nine double one (*or* one one)
010-3584-6527	O[ou] (*or* zero) one O, three five eight four, six five two seven

6) 수식

(1) 분수: 분자는 기수, 분모는 서수로 읽으며, 분자가 복수일 때는 분모에 복수 어미 -s를 붙여.

$\frac{1}{2}$ one-half, a half $\frac{1}{4}$ one-fourth, a quarter

$\frac{3}{4}$ three-fourths, three quarters $\frac{4}{5}$ four-fifths

$2\frac{2}{3}$ two and two-thirds

$\frac{12}{27}$ twelve over twenty-seven (*or* twelve upon twenty-seven)

> 해설 숫자가 클 경우에는 분자를 읽은 다음 over나 upon을 넣고 분모를 기수로 읽어.

(2) 덧셈: plus일 때는 equals를 쓰며, and일 때는 단수·복수 다 가능한데 is/are, makes/make를 써.

2+4=6   Two plus four equals six. (정식)
         Two and four are/is/make/makes six.

(3) 뺄셈: minus일 때는 equals를 쓰며, from일 때는 leaves, is를 써.

5-3=2   Five minus three equals two. (정식)
         Three from five leaves/is two.

(4) 곱셈: multiplied by일 때는 equals를 쓰며, times일 때는 is를 써.

2×5=10   Two multiplied by five equals ten. (정식)
         Two times five is ten.

(5) 나눗셈: divided by일 때는 equals를 쓰며, into일 때는 goes를 써.

> 15÷5=3   Fifteen divided by five equals three. (정식)
>   Five into fifteen goes three times.

(6) 비례: A : B = C : D   A is to B as/what C is to D.   A : B the ratio of A to B

> 6 : 3 = 2 : 1   Six is to three as/what two is to one.
> 5 : 3   the ratio of five to three

(7) 소수: 소수점은 point 또는 decimal로 읽고, 소수점 이하는 한 자리씩 끊어 읽어.

> 0.3   naught/zero point/decimal three (*or* point three)
> 1.06   one point naught six (*or* one point oh six)
> 3.7   three point seven
> 11.42   eleven point four two

7) 기타

> No. 6   number six
> P. 9   page nine
> Lesson 10   lesson ten
> $212.75   two hundred and twelve dollars (and) seventy-five (cents)
> ₩52,380   fifty-two thousand three hundred (and) eighty won

None is so blind as those who won't see.
보려고 하지 않는 사람만큼 눈먼 사람은 없다.

연습문제

1. 다음 수를 읽어 봅시다.

1) 103
2) 412
3) 730
4) 2,346
5) 6,800
6) 8,060
7) 1600(연대)
8) 1980(연대)
9) 1904(연대)
10) 2031(연대)
11) 8월 15일
12) Jul. 7, 2023
13) 6:40 a.m.
14) 2:35 p.m.
15) 8:45 p.m.
16) 2643-5987
17) No. 8
18) Lesson 11
19) P. 15
20) $36.48

2. 다음 수식을 읽는 방법을 보기에서 찾아 괄호 속에 넣어 봅시다.

1) 6+3=9 (   )
2) 8−2=6 (   )
3) 7×4=28 (   )
4) 12÷3=4 (   )
5) $\frac{3}{5}$ (   )
6) 0.85 (   )
7) 3:2 (   )
8) 12+33=45 (   )
9) 64−36=28 (   )
10) 6×8=48 (   )
11) 40÷8=5 (   )
12) $\frac{1}{3}$ (   )
13) 0.079 (   )
14) 4:2=2:1 (   )
15) 1.42 (   )
16) 3×0=0 (   )
17) $3\frac{4}{7}$ (   )
18) 9:6=3:2 (   )
19) $\frac{13}{46}$ (   )
20) 32.05 (   )

─── 〈보 기〉 ───

① the ratio of three to two
② Twelve plus thirty-three equals forty-five.
③ Nine is to six what three is to two.
④ Forty divided by eight equals five.
⑤ zero decimal naught seven nine
⑥ thirty-two point oh five
⑦ Six plus three equals nine.

─── 〈보기〉 ───

⑧ Sixty-four minus thirty-six equals twenty-eight.
⑨ Four is to two as two is to one.   ⑩ three and four-sevenths
⑪ thirteen over forty-six (*or* thirteen upon forty-six)
⑫ naught point eight five (*or* point eight five)
⑬ three-fifths   ⑭ Eight minus two equals six.
⑮ one-third (*or* a third)   ⑯ Twelve divided by three equals four.
⑰ Three multiplied by nought equals nought.
⑱ Seven times four is twenty-eight.   ⑲ one point four two
⑳ Six multiplied by eight equals forty-eight.

1.
1) one hundred and three
2) four hundred and twelve
3) seven hundred and thirty
4) two thousand three hundred and forty-six
5) six thousand eight hundred
6) eight thousand and sixty
7) sixteen hundred
8) nineteen eighty
9) nineteen four
10) twenty thirty-one
11) August the fifteenth, August fifteen
12) July the seventh, twenty twenty-three
13) six forty a.m.
14) two thirty-five p.m.
15) eight forty-five p.m.
16) two six four three, five nine eight seven
17) number eight
18) lesson eleven
19) page fifteen
20) thirty-six dollars (and) forty-eight (cents)

2.
1) ⑦ 2) ⑭ 3) ⑱ 4) ⑯ 5) ⑬ 6) ⑫ 7) ① 8) ② 9) ⑧ 10) ⑳
11) ④ 12) ⑮ 13) ⑤ 14) ⑨ 15) ⑲ 16) ⑰ 17) ⑩ 18) ③ 19) ⑪ 20) ⑥

09 be 동사

be 동사는 원형(본디 꼴)이 be인데 인칭, 수, 시제에 따라 am, are, is, was, were 로 모양이 달라지는 동사야.

인칭	시제	현재	과거
제1인칭	단수	I am (I'm)	I was
	복수	we are (we're)	we were
제2인칭	단수	you are (you're)	you were
	복수	you are (you're)	you were
제3인칭	단수	he is (he's)	he was
		she is (she's)	she was
		it is (it's)	it was
	복수	they are (they're)	they were

 • be 동사의 현재형은 am, are, is인데 am, is의 과거형은 was이고, are의 과거형은 were야. 과거분사형은 been이지.

• be 동사의 현재 시제는 일상 회화에서 축약형(줄임형)으로 많이 쓰여. 위 표에서 보듯이 I'm은 I am의 축약형이야. 대명사 뒤에서는 축약형으로 쓰이지만 명사 뒤에서는 축약형으로 쓰이지 않아.

> **해설**
> - be 동사는 본동사와 조동사로 쓰여.
>   본동사로는 1형식과 2형식으로 쓰이는데, 1형식일 때는 존재 표시로 '있다'로 번역하고 2형식일때는 상태 표시로 '이다, 되다'로 번역해.
>   조동사로는 'be+동사원형ing'의 형태로 진행형과 'be+과거분사'의 형태로 피동형(수동형)을 만드는 데 쓰이지.
>
> The book is on the desk.
> 그 책은 책상 위에 있다.
> ※ is는 본동사 1형식으로 쓰였어. 그래서 '있다'로 번역한 거야.
>
> I am not thirsty.
> 나는 목마르지 않다.
> ※ am은 본동사 2형식으로 쓰였어. 그래서 '이다'로 번역한 거야.
>
> He is reading the book.
> 그는 책을 읽고 있다.
>
> They were traveling together.
> 그들은 함께 여행하고 있었다.
> ※ is, were는 진행형을 만드는 조동사로 쓰였어.
>
> She is loved by him. (= He loves her.)
> 그는 그녀를 사랑한다.
> ※ is는 피동형을 만드는 조동사로 쓰였어.(피동형은 동사가 'be+과거분사'의 형태야.)

I am a Korean. (I'm a Korean.)
나는 한국 사람이다.

You are right. (You're right.)
당신이 옳습니다.

He is very special to me. (He's very special to me.)
그는 나에게 매우 특별하다.

She is not interested in baseball. (She's not interested in baseball.)
그녀는 야구에 흥미가 없다.

It is a wonderful house. (It's a wonderful house.)
그것은 멋진 집이다.

We are safe. (We're safe.)
우리는 안전하다.

You are young men. (You're young men.)
너희들은 젊은이들이다.

They are very important. (They're very important.)
그것들은 매우 중요하다.

I was tired last night.
나는 어젯밤 피곤하였다.

He was a great artist.
그는 위대한 예술가였다.

It was a big bear!
그것은 커다란 곰이었어요!

You were lucky last year.
당신은 작년에 운이 좋았다.

She was here last Sunday.
그녀는 지난 일요일에 여기 있었다.

We were very glad.
우리는 매우 기뻤다.

They were very expensive.
그것들은 매우 비쌌다.

You were children then.
너희들은 그 당시 아이들이었다.

연습문제

※ 다음 빈칸에 의미에 맞게 알맞은 be 동사(am, are, is, was, were)를 써넣어 봅시다.

1. I _____ seventeen years old, too.
나도 열일곱 살이에요.

2. You _____ very charming.
당신은 아주 매력적이다.

3. He _____ on the phone.
그는 통화중이다.

4. She _____ asleep.
그녀는 잠들었다.

5. It _____ warm today.
오늘은 날씨가 따뜻하다.

6. This _____ Mr. Smith.
이분은 스미스 씨다.

7. That _____ a good idea.
그것은 좋은 생각이다.

8. Life _____ beautiful.
인생은 아름답다.

9. He and she _____ kind.
그와 그녀는 친절하다.

10. Ann and Mary _____ interested in music.
앤과 메리는 음악에 관심이 있다.

11. Alice and I _____ good friends.
앨리스와 나는 좋은 친구다.

12. They _____ Australians.
그들은 오스트레일리아 사람들이다.

13. These apples and oranges _____ good.
이 사과와 오렌지는 맛이 좋다.

14. The toy car _____ ten dollars.
그 장난감 차는 10달러다.

15. My birthday _____ May 7th.
내 생일은 5월 7일이다.

16. It _____ her hobby.
그것은 그녀의 취미다.

17. Your opinion _____ similar to mine.
당신 의견은 내 의견과 비슷하다.

18. Lisa _____ reading a newspaper.
리자는 신문을 읽고 있다.

19. Those people _____ diligent.
그 사람들은 부지런하다.

20. These bags _____ heavy.
이 가방들은 무겁다.

21. I _____ sick yesterday.
나는 어제 아팠다.

22. It _____ fun.
그것은 재미있었다.

23. Yesterday _____ a holiday.
어제는 휴일이었다.

24. They _____ stupid.
그들은 어리석었다.

25. She _____ at home yesterday.
    그녀는 어제 집에 있었다.

26. Everybody _____ silent.
    모든 사람들이 조용하였다.

27. We _____ hungry then.
    우리는 그때 배가 고팠다.

28. It _____ my birthday yesterday.
    어제는 내 생일이었다.

29. The children _____ having cold drinks.
    아이들은 찬 음료수를 마시고 있었다.

30. There _____ a carpet on the floor.
    마루에 양탄자가 있었다.

31. There _____ birds in the tree.
    나무속에 새들이 있었다.

32. There _____ some big trees in the garden.
    정원에 큰 나무가 몇 그루 있었다.

33. There _____ a big park.
    큰 공원이 하나 있다.

34. Here _____ your key.
    여기 네 열쇠가 있다.

35. Here _____ some questions about food.
    음식에 대해 몇 가지 질문이 있다.

 해 답

1) am   2) are   3) is   4) was   5) is   6) is   7) is   8) is   9) are
10) are 11) are   12) are 13) are   14) is   15) is   16) is   17) is   18) is
19) are 20) are   21) was 22) was   23) was 24) were 25) was 26) was 27) were
28) was 29) were 30) was 31) were 32) were 33) is   34) is   35) are

10 have 동사

have 동사는 인칭, 수, 시제에 따라 have, has, had로 쓰여.

인칭	시제	현재	과거
제1인칭	단수	I have (I've)	I had (I'd)
	복수	we have (we've)	we had (we'd)
제2인칭	단수	you have (you've)	you had (you'd)
	복수	you have (you've)	you had (you'd)
제3인칭	단수	he has (he's)	he had (he'd)
		she has (she's)	she had (she'd)
		it has (it's)	it had
	복수	they have (they've)	they had (they'd)

 • have 동사는 현재형은 주어가 3인칭 단수일 때는 has를 쓰고, 3인칭 복수일 때와 1·2인칭일 때 는 have를 써. 과거형은 인칭에 관계없이 단수·복수 모두 had를 쓰지.

• 일상 회화에서는 주로 축약형(줄임형)을 쓰는데 위 도표의 괄호 안에 있는 것처럼 I have의 축약형은 I've야. it had의 축약형은 없어. (it'd가 아니야.)

I have a dream.
나는 꿈이 있다.

Do you have a larger size?
더 큰 치수 있습니까?

He has a sense of humor.
그는 유머 감각이 있다.

She has a talent for art.
그녀는 예술적 재능이 있다.

It has six legs.
그것은 다리가 여섯 개다.

We have much time.
우리는 시간이 많이 있다.

Do you have any special plans for your vacation?
여러분은 방학을 위한 특별한 계획이 있나요?

They have other schedules today.
그들은 오늘 다른 일정이 있다.

I had supper already.
나는 이미 저녁을 먹었다.

You had a really interesting dream!
너 정말 흥미로운 꿈을 꿨구나!

He had a passport.
그는 여권을 가지고 있었다.

She had a baby last year.
그녀는 작년에 아이를 낳았다.

It had a long tail.
그것은 긴 꼬리를 가지고 있었다.

We had a really nice trip.
우리는 정말 멋진 여행을 했다.

You had good neighbours.
여러분들은 좋은 이웃들이 있었다.

They had a wonderful time together.
그들은 함께 멋진 시간을 보냈다.

> have는 여러 가지 뜻이 있는데 소유의 뜻일 때는 '~을 가지고 있다, ~이 있다'로 번역해.

연습문제

※ 다음 빈칸에 의미에 맞게 알맞은 have 동사를 써넣어 봅시다.

1. You _____ some friends there.
   너는 그곳에 친구가 몇 명 있다.

2. It _____ long legs.
   그것은 긴 다리를 가지고 있다.

3. They _____ many leaves.
   그것들은 잎들이 많이 있다.

4. I _____ a lot of free time.
   나는 여가 시간이 많다.

5. Silvia _____ a very happy childhood.
   실비아는 매우 행복한 어린 시절을 보냈다.

6. Tommy and Leopold _____ new gloves.
   토미와 레오폴드는 새 장갑을 끼고 있다.

7. He _____ a bad cold yesterday.
   그는 어제 심한 감기에 걸렸다.

8. She _____ a toothache.
   그녀는 이가 아프다.

9. We _____ a quiz tomorrow morning.
   우리는 내일 아침에 시험이 있다

10. I _____ breakfast at eight.
    나는 8시에 아침을 먹었다.

11. Do you _____ time this afternoon?
    오늘 오후에 시간 있습니까?

12. My cousin _____ a pet snake.
    내 사촌은 애완용 뱀을 가지고 있다.

13. We _____ dinner after the movie.
    우리는 영화를 본 후 저녁을 먹었다.

14. Don't you _____ a spare key?
    여분의 열쇠가 없나요?

15. I _____ a vegetable omelet for lunch.
    나는 점심으로 야채 오믈렛을 먹었다.

해 답

1) have   2) has   3) have   4) have   5) had   6) have   7) had   8) has
9) have   10) had   11) have   12) has   13) had   14) have   15) had

11 주어가 3인칭 단수일 때의 동사의 현재형

주어가 3인칭 단수(he, she, it, this, that, Miller, Susan …)이고, 시제가 현재일 때 일반 동사는 동사의 원형에 -(e)s를 붙여. 그런데 be, have 동사는 -(e)s를 붙이는 것이 아니라 다른 형태의 동사를 쓰는데 be 동사는 is를, have 동사는 has를 써.

1. 동사에 -(e)s를 붙이는 방법

1) 일반적으로 어미에 –s를 붙여.

> like ➡ likes   love ➡ loves   play ➡ plays   stay ➡ stays
> wait ➡ waits   read ➡ reads

My mother likes flowers.
우리 어머니는 꽃을 좋아하신다.

She plays the violin very well.
그녀는 바이올린을 아주 잘 연주한다.

2) 어미가 'o, x, s, sh, ch'일 때는 –es를 붙여.

> go ➡ goes   do ➡ does   kiss ➡ kisses   wash ➡ washes
> wish ➡ wishes   teach ➡ teaches   watch ➡ watches

Mrs. Brown teach**es** English.
브라운 부인은 영어를 가르친다.

Herold watch**es** TV all day.
헤럴드는 온 종일 텔레비전을 본다.

3) 어미가 '자음+y'일 때는 y를 i로 바꾸고 -es를 붙여.

> study ➡ stud**ies**   try ➡ tr**ies**   carry ➡ carr**ies**   fly ➡ fl**ies**

She stud**ies** Chinese every day.
그녀는 매일 중국어를 공부한다.

Her heart fl**ies** high with the kite.
그녀의 마음은 연과 함께 높이 날아간다.

2. 동사의 어미 -(e)s의 발음

1) 유성음으로 끝나는 낱말 뒤의 -(e)s는 [-z]로 발음돼.

> listen ➡ listens[lísn**z**]   study ➡ studies[stʌ́di**z**]   play ➡ plays[plei**z**]
> call ➡ calls[kɔːl**z**]   live ➡ lives[liv**z**]   go ➡ goes[gou**z**]

2) [k], [p], [f] 등의 무성음으로 끝나는 낱말 뒤의 -(e)s는 [-s]로 발음돼.

> hope ➡ hopes[houp**s**]   speak ➡ speaks[spiːk**s**]   help ➡ helps[help**s**]
> like ➡ likes[laik**s**]   laugh ➡ laughs[læf**s**]

3) [s], [z], [ʃ], [ʒ], [tʃ], [dʒ] 발음으로 끝나는 낱말 뒤의 -(e)s는 [-iz]로 발음돼.

> pass ➡ passes[pæsiz]   wish ➡ wishes[wiʃiz]   reach ➡ reaches[riːtʃiz]
> change ➡ changes[tʃeindʒiz]

4) [d] 발음으로 끝나는 낱말 뒤의 -s는 [d]와 합쳐져 [-dz][즈]로 발음돼.

> read ➡ reads[riːdz]   end ➡ ends[endz]   need ➡ needs[niːdz]
> lend ➡ lends[lendz]

5) [t] 발음으로 끝나는 낱말 뒤의 -s는 [t]와 합쳐져 [-ts][츠]로 발음돼.

> write ➡ writes[raits]   want ➡ wants[wɑnts]   visit ➡ visits[vízits]
> eat ➡ eats[iːts]

연습문제

※ 빈칸에 의미에 맞게 주어진 동사를 써넣어 봅시다.

1. She _____ summer. (like)
   그녀는 여름을 좋아한다.

2. The book _____ eight dollars. (be)
   그 책은 8달러다.

3. He _____ this book. (want)
   그는 이 책을 원한다.

4. Diana _____ long hairs. (have)
   다이애나는 긴 머리를 하고 있다.

5. Kelly _____ Mathematics. (study)
켈리는 수학을 공부한다.

6. Laura _____ her uncle on Sunday. (visit)
로라는 일요일에 그녀의 삼촌을 방문한다.

7. Teddy _____ to the park at seven. (go)
테디는 7시에 공원에 간다.

8. Morgan _____ basketball well. (play)
모건은 배구를 잘한다.

9. Tomorrow _____ my birthday. (be)
내일은 내 생일이다.

10. He _____ TV after dinner. (watch)
그는 저녁식사 후에 TV를 본다.

11. Annie _____ her homework at seven. (do)
애니는 7시에 그녀의 숙제를 한다.

12. He _____ in Dublin. (live)
그는 더블린에서 산다.

13. It _____ four leaves. (have)
그것은 잎이 4개다.

14. She _____ The Little Prince. (read)
그녀는 어린왕자를 읽는다.

15. She _____ the piano very well. (play)
그녀는 피아노를 아주 잘 친다.

16. He _____ lunch at twelve. (have)
그는 12시에 점심을 먹는다.

17. He _____ a nice car. (have)
그는 멋진 차를 가지고 있다.

18. That _____ a delicious fruit. (be)
그것은 맛있는 과일이다.

19. He _____ sick and he _____ a rest. (be, need)
    그는 아파서 휴식이 필요하다.

20. Harry _____ to school. (walk)
    해리는 학교에 걸어 다닌다.

21. Sally _____ her car. (drive)
    샐리는 자기 차를 운전한다.

22. Christina _____ my work often. (help)
    크리스티나는 종종 내 일을 도와준다.

23. Juliet _____ the film. (love)
    줄리엣은 그 영화를 좋아한다.

24. He _____ in the river. (swim)
    그는 강에서 수영한다.

25. It _____ a rabbit. (be)
    그것은 토끼다.

26. He _____ steak. (hate)
    그는 스테이크를 싫어한다.

27. Alex _____ his old bag. (carry)
    알렉스는 낡은 가방을 가지고 다닌다.

28. Cindy _____ the concert. (enjoy)
    신디는 연주회를 즐긴다.

29. She _____ about winter. (write)
    그녀는 겨울에 대해 글을 쓴다.

30. She _____ curry and rice. (cook)
    그녀는 카레라이스를 요리한다.

해 답

1) likes 2) is 3) wants 4) has 5) studies 6) visits 7) goes 8) plays 9) is
10) watches 11) does 12) lives 13) has 14) reads 15) plays 16) has
17) has 18) is 19) is, needs 20) walks 21) drives 22) helps 23) loves
24) swims 25) is 26) hates 27) carries 28) enjoys 29) writes 30) cooks

12 동사의 변화

영어의 모든 동사는 원형(기본형, 본디 꼴)이 현재형, 과거형, 과거분사형, 현재분사형으로 모양이 바뀌지. 이와 같은 동사의 변화는 과거형과 과거분사형으로 바뀌는 방식에 따라 규칙 변화와 불규칙 변화로 나누어.

현재형	현재의 동작이나 상태나 존재를 나타내는 데 쓰인다.
과거형	과거의 동작이나 상태나 존재를 나타내는 데 쓰인다.
과거분사형	'have+과거분사'의 형태로 완료형과 'be+과거분사'의 형태로 피동형을 만드는 데 쓰인다.
현재분사형	'be+동사원형ing'의 형태로 진행형을 만드는 데 쓰인다.

She writes essays.   그녀는 수필을 쓴다.
She wrote essays.   그녀는 수필을 썼다.
She has written essays.   그녀는 수필을 써왔다.
This essay was written by her.   이 수필은 그녀에 의해 쓰여졌다.
She is writing an essay.   그녀는 수필을 쓰고 있다.

1. 규칙 동사

동사의 원형에 -(e)d를 붙이면 규칙적으로 과거·과거분사형이 되는 동사야.

1) 과거·과거분사 만드는 방법

(1) 과거·과거분사는 일반적으로 동사원형 어미에 -ed를 붙여.

원형	과거형	과거분사형
call (부르다)	called	called
end (끝나다)	ended	ended
laugh (웃다)	laughed	laughed
look (보다)	looked	looked
need (필요하다)	needed	needed
open (열다)	opened	opened
play (놀다)	played	played
reach (도착하다)	reached	reached
stay (머물다)	stayed	stayed
talk (이야기하다)	talked	talked
thank (감사하다)	thanked	thanked
visit (방문하다)	visited	visited
wait (기다리다)	waited	waited
walk (걷다)	walked	walked
want (원하다)	wanted	wanted
wash (씻다)	washed	washed
work (일하다)	worked	worked

(2) 어미가 -e로 끝나는 동사는 -d만 붙여.

원형	과거형	과거분사형
change (바꾸다)	changed	changed
die (죽다)	died	died
hope (바라다)	hoped	hoped
like (좋아하다)	liked	liked
love (사랑하다)	loved	loved
taste (맛보다)	tasted	tasted

(3) 어미가 '자음+y'로 끝나는 동사는 y를 i로 바꾸고 -ed를 붙여.

원형	과거형	과거분사형
carry (나르다)	carried	carried
cry (울다)	cried	cried
study (공부하다)	studied	studied
try (시도하다, 노력하다)	tried	tried

(4) 어미가 '짧은 모음+한 개의 자음자'로 되어 있는 1음절 동사는 그 자음자를 하나 더 덧붙이고 -ed를 붙여.

원형	과거형	과거분사형
beg[beg] (빌다)	begged	begged
drop[drap] (떨어지다)	dropped	dropped
stop[stap] (멈추다)	stopped	stopped

> 참고
>
> | | | |
> |---|---|---|
> | help[help] (돕다) | helped | helped |
> | jump[dʒʌmp] (뛰어오르다) | jumped | jumped |

(5) 끝음절에 강세가 있는 동사는 그 자음자를 하나 더 덧붙이고 -ed를 붙여.

원형	과거형	과거분사형
admit[ədmít] (인정하다)	admitted	admitted
occur[əkə́ːr] (일어나다)	occurred	occurred
omit[oumít] (생략하다)	omitted	omitted
refer[rifə́ːr] (언급하다)	referred	referred

> 참고
>
> 끝음절에 강세가 없으면 -ed만 붙여.
>
> | | | |
> |---|---|---|
> | offer[ɔ́ːfər] (제공하다) | offered | offered |
> | limit[límit] (제한하다) | limited | limited |
> | visit[vízit] (방문하다) | visited | visited |
> | travel[trǽvl] (여행하다) | traveled | traveled (미국) |
> | | travelled | travelled (영국) |

2) -ed의 발음

(1) [d] 이외의 유성음 다음에서는 [-d]로 발음해.
   called[kɔːld]   cried[kraid]   lived[livd]   opened[óupənd]   played[pleid]

(2) [t] 이외의 무성음 다음에서는 [-t]로 발음해.
   hopped[hɑpt] looked[lukt] reached[riːtʃt] stopped[stɑpt] walked[wɔːkt]

(3) [d], [t] 다음에서는 [-id]로 발음해.
   ended[endid]   needed[niːdid]   visited[vízitid]   waited[weitid]
   wanted[wantid]

2. 불규칙 동사

동사의 과거·과거분사형이 -(e)d를 붙이지 않고 불규칙적으로 변화하는 동사를 말해.

1) A A A형 동사: 동사의 원형·과거형·과거분사형이 모두 같은 동사

원형	과거형	과거분사형
cut (베다)	cut	cut
hit (치다)	hit	hit
hurt (다치게 하다)	hurt	hurt
put (두다)	put	put
shut (닫다)	shut	shut
read (읽다)	read	read

2) A B A형 동사: 동사의 원형과 과거분사형이 같은 동사

원형	과거형	과거분사형
become (~로 되다)	became	become
come (오다)	came	come
run (달리다)	ran	run

3) A B B형 동사: 동사의 과거형과 과거분사형이 같은 동사

원형	과거형	과거분사형
hear (듣다)	heard	heard
lay (놓다, 눕히다)	laid	laid
pay (치르다, 지불하다)	paid	paid
say (말하다)	said	said
mean (의미하다)	meant	meant
build (짓다)	built	built
lend (빌려주다)	lent	lent
send (보내다)	sent	sent
spend (소비하다)	spent	spent
feel (느끼다)	felt	felt
keep (유지하다, 지키다)	kept	kept
sleep (잠자다)	slept	slept
buy (사다)	bought	bought
bring (가져오다)	brought	brought
fight (싸우다)	fought	fought
think (생각하다)	thought	thought
teach (가르치다)	taught	taught
tell (말하다)	told	told
sell (팔다)	sold	sold
sit (앉다)	sat	sat
lead (이끌다, 인도하다)	led	led
meet (만나다)	met	met
shoot (쏘다)	shot	shot
hold (붙잡다)	held	held
shine (빛나다)	shone	shone
win (이기다)	won	won
strike (치다)	struck	struck
stand (서다)	stood	stood
understand (이해하다)	understood	understood
bind (묶다)	bound	bound
find (발견하다)	found	found
slide (미끄러지다)	slid	slid
have (가지다)	had	had
make (만들다)	made	made

4) A B C형 동사: 동사의 원형·과거형·과거분사형이 다른 동사

원형	과거형	과거분사형
begin (시작하다)	began	begun
swim (수영하다)	swam	swum
drink (마시다)	drank	drunk
sing (노래하다)	sang	sung
break (부수다)	broke	broken
speak (말하다)	spoke	spoken
choose (고르다)	chose	chosen
forget (잊다)	forgot	forgotten
wear (입다)	wore	worn
rise (일어나다, 오르다)	rose	risen
drive (운전하다)	drove	driven
write (쓰다)	wrote	written
take (잡다, 취하다)	took	taken
mistake (틀리다, 잘못하다)	mistook	mistaken
fly (날다)	flew	flown
grow (자라다)	grew	grown
know (알다)	knew	known
throw (던지다)	threw	thrown
draw (끌다, 그리다)	drew	drawn
give (주다)	gave	given
see (보다)	saw	seen
eat (먹다)	ate	eaten
fall (떨어지다)	fell	fallen
be (이다, 되다, 있다)	was/were	been
do (하다)	did	done
go (가다)	went	gone
ride (타다)	rode	ridden
get (얻다)	got	gotten/got

혼동하기 쉬운 동사의 변화

lie	lied	lied (거짓말하다)
lie	lay	lain (눕다)
lay	laid	laid (눕히다, 놓다)
bind	bound	bound (묶다)
bound	bounded	bounded (튀다)
find	found	found (발견하다)
found	founded	founded (설립하다)
fall	fell	fallen (넘어지다, 떨어지다)
fell	felled	felled (넘어뜨리다, 쓰러뜨리다)
grind	ground	ground (갈다)
ground	grounded	grounded (토대로 하다, 근거를 두다)
see	saw	seen (보다)
saw	sawed	sawed (톱질하다)
sew	sewed	sewed (바느질하다)
sow	sowed	sown (씨뿌리다)
wind[waind]	wound[waund]	wound (감다)
wound[wuːnd]	wounded[wuːndid]	wounded (부상당하다, 상처 내다)
hang	hung	hung (걸다, 매달다)
	hanged	hanged (교수형에 처하다)
bear	bore	born/borne (태어나다, 참다, 지니다)
become	became	become (되다)
welcome	welcomed	welcomed (환영하다)

 **연습문제**

1. 다음 동사들의 과거형, 과거분사형을 써넣어 봅시다.

원형	과거형	과거분사형
make		
break		

원형	과거형	과거분사형
cut		
find		
buy		
know		
go		
begin		
get		
bring		
enjoy		
hear		
put		
sit		
sing		
leave		
watch		
take		
run		
speak		
write		
come		
give		
drive		
drink		
forget		
see		
understand		
throw		
say		

원형	과거형	과거분사형
sell		
tell		
build		
become		
have		
eat		

2. 빈칸에 의미에 맞게 주어진 동사를 써넣어 봅시다.

1) He _____ again. (try)
그는 다시 시도하였다.

2) His foot _____. (slip)
그의 발이 미끄러졌다.

3) The Ant has _____ upon the leaf. (climb)
그 개미는 나뭇잎 위로 올라갔다.

4) I've _____ my bag. (lose)
나는 가방을 잃어버렸다.

5) She _____ her cup. (drop)
그녀는 자기 컵을 떨어뜨렸다.

6) The Dove _____ away. (fly)
비둘기가 날아갔다.

7) She _____ down. (jump)
그녀는 뛰어내렸다.

8) He has _____ it easily. (get)
그는 쉽게 그것을 얻었다.

9) They _____ to a stream. (come)
그들은 개울로 왔다.

10) He _____ into a deep well. (fall)
그는 깊은 우물에 빠졌다.

11) A neighbor has _____ to the well. (run)
한 이웃 사람이 우물로 달려왔다.

12) The man soon _____ rich. (become)
그 사람은 곧 부자가 되었다.

13) He _____ an apple-pie on the shelf. (find)
그는 선반 위에서 애플파이를 발견했다.

14) Jack _____ his eyes again. (close)
잭은 다시 그의 눈을 감았다.

15) They _____ the home in the night. (reach)
그들은 밤에 집에 도착했다.

16) They _____ to the dining-room. (go)
그들은 식당에 갔다.

17) I've never _____ a horse. (ride)
나는 말을 타 본 적이 없다.

18) The path _____ narrow. (be)
그 길은 좁았다.

19) She _____ very slowly. (eat)
그녀는 아주 천천히 먹었다.

20) He _____ the Fox. (see)
그는 그 여우를 보았다.

21) He _____, "Oh, how nice!" (cry)
그는 "오, 얼마나 멋진가!"하고 소리쳤다.

22) He _____, "Very well." (say)
그는 "아주 좋아."하고 말했다.

23) Her mother _____ very sad. (look)
그녀의 어머니는 매우 슬퍼 보였다.

24) Somebody has _____ this window. (break)
누군가가 이 창문을 깨뜨렸다.

25) We _____ basketball on Sunday. (play)
우리는 일요일에 농구를 하였다.

해 답

1.

원형	과거형	과거분사형
make	made	made
break	broke	broken
cut	cut	cut
find	found	found
buy	bought	bought
know	knew	known
go	went	gone
begin	began	begun
get	got	gotten/got
bring	brought	brought
enjoy	enjoyed	enjoyed

원형	과거형	과거분사형
hear	heard	heard
put	put	put
sit	sat	sat
sing	sang	sung
leave	left	left
watch	watched	watched
take	took	taken
run	ran	run
speak	spoke	spoken
write	wrote	written
come	came	come
give	gave	given
drive	drove	driven
drink	drank	drunk
forget	forgot	forgotten
see	saw	seen
understand	understood	understood
throw	threw	thrown
say	said	said
sell	sold	sold
tell	told	told
build	built	built
become	became	become
have	had	had
eat	ate	eaten

2.

1) tried   2) slipped   3) climbed   4) lost   5) dropped   6) flew   7) jumped   8) gotten   9) came   10) fell   11) run   12) became   13) found   14) closed   15) reached   16) went   17) ridden   18) was   19) ate   20) saw   21) cried   22) said   23) looked   24) broken   25) played

13 시제

어떤 글월(문장)이든 시제가 들어 있지. 시제란 동사의 형태를 변화시켜 시간 관계를 나타내는 것으로 현재, 과거, 미래로 크게 나눌 수가 있어. 그런데 시제가 실제 생활의 시간과 반드시 일치하는 것은 아니야.

> 현재: 인간이 관계하고 있는 일만큼의 시간
> 과거: 지나간 일을 소개하는 시간
> 미래: 닥쳐올 일을 기술하는 시간

1. 시제의 기본 구조

현재, 과거, 미래의 3시제에 각각 다음과 같은 4가지 기본 구조가 있어. (walk 동사를 예로 들어 보면)

기본 시제 (●)	walk	걷다
진행 시제 (∿)	be walking	걷고 있다
완료 시제 (←)	have walked	걸었다
완료 진행 시제 (←∿)	have been walking	걷고 있었다

그러므로 영어의 시제는 12시제(현재 기본 시제, 현재 진행 시제, 현재 완료 시제, 현재 완료 진행 시제, 과거 기본 시제, 과거 진행 시제, 과거 완료 시제, 과거 완료 진행 시제, 미래 기본 시제, 미래 진행 시제, 미래 완료 시제, 미래 완료 진행 시제)가 되는 거야. 따라서 영어의 모든 문장은 12시제 안에 포함되는 어떤 것이어야 해.

> **참고**
>
> | | |
> |---|---|
> | 진행형 | be 동사원형ing = 고 있 |
> | 완료형 | have 과거분사 = 었/았 |
> | 완료 진행형 | have been 동사원형ing = 고 있었 |
>
> 완료 진행 시제는 '완료 시제+진행 시제'의 결합이므로 완료부터 시작해서 진행 시제로 끝나. 따라서 have로 시작해서 끝에 동사원형ing가 오는데 그 사이에 완료 어미 과거분사와 진행 시작 be를 합쳐 been을 써서 'have been 동사원형ing'가 되는 거야.
>
> have been ·············· 완료
> been 동사원형ing ·············· 진행

2. 12시제의 분류

예문을 통해 영어 동사의 12시제를 분류해 보면 다음과 같아.

> He watch TV.

🔍 **현재**: ~다, ~(습)니다 (현재 기본 시제: ~ㄴ다, ~ㅂ니다)

◉	기본 시제	He watches TV.	그는 TV를 본다.
∿	진행 시제	He is watching TV.	그는 TV를 보고 있다.
←	완료 시제	He has watched TV.	그는 TV를 보았다.
←∿	완료 진행 시제	He has been watching TV.	그는 TV를 보고 있었다.

과거: ~었/았다, ~었/았습니다

	기본 시제	He watched TV. 그는 TV를 보았다.
	진행 시제	He was watching TV. 그는 TV를 보고 있었다.
	완료 시제	He had watched TV. 그는 TV를 보았었다.
	완료 진행 시제	He had been watching TV. 그는 TV를 보고 있었었다.

미래: 의지 미래: ~겠다, ~겠습니다
단순 미래: ~ㄹ 것이다, ~ㄹ 것입니다

	기본 시제	He will watch TV. 그는 TV를 볼 것이다.
	진행 시제	He will be watching TV. 그는 TV를 보고 있을 것이다.
	완료 시제	He will have watched TV. 그는 TV를 보았을 것이다.
	완료 진행 시제	He will have been watching TV. 그는 TV를 보고 있었을 것이다.

이와 같이 영어는 12시제인데 우리말은 10시제야. 현재 완료 시제와 과거 기본 시제가 같고, 현재 완료 진행 시제와 과거 진행 시제가 같기 때문이야.

연습문제

1. 다음 문장에 12시제를 넣어 봅시다.

> She stay at a very nice hotel.

현재 시제

	기본 시제	
	진행 시제	
	완료 시제	
	완료 진행 시제	

과거 시제

⦿	기본 시제	
⋀⋀⋀	진행 시제	
←	완료 시제	
←⋀⋀	완료 진행 시제	

미래 시제

⦿	기본 시제	
⋀⋀⋀	진행 시제	
←	완료 시제	
←⋀⋀	완료 진행 시제	

2. 빈칸에 의미에 맞게 주어진 동사를 써넣어 봅시다.

1) 나는 지금 그녀를 방문하고 있다.

   I _____ her now. (visit)

2) 나는 어제 그녀를 방문하였다.

   I _____ her yesterday. (visit)

3) 나는 그때 그녀를 방문하고 있었다.

   I _____ her then. (visit)

4) 나는 그녀를 방문했었다.

   I _____ her. (visit)

5) 나는 내일 그녀를 방문할 것이다.

   I _____ her tomorrow. (visit)

6) 그녀는 지금 피아노를 치고 있다.

   She _____ the piano now. (play)

7) 그녀는 그때 피아노를 치고 있었다.

   She _____ the piano then. (play)

8) 그녀는 어제 피아노를 쳤다.

   She _____ the piano yesterday. (play)

9) 그녀는 피아노를 치고 있었었다.

   She _____ the piano. (play)

10) 그녀는 피아노를 칠 것이다.

    She _____ the piano. (play)

11) 그녀는 피아노를 치고 있을 것이다.

    She _____ the piano. (play)

12) 나는 암소를 살 것이다.

    I _____ a cow. (buy)

13) 나는 암소를 샀다.

    I _____ a cow. (buy)

14) 나는 어제 암소를 샀다.

    I _____ a cow yesterday. (buy)

15) 그녀는 음악을 좋아한다.
　　She ＿＿＿＿＿ music. (like)

16) 꽃은 아름답다.
　　Flowers ＿＿＿＿ beautiful. (be)

17) 모두가 친구를 필요로 한다.
　　Everybody ＿＿＿＿＿ friends. (need)

18) 그는 신문을 읽고 있다.
　　He ＿＿＿＿＿＿ the newspaper. (read)

19) 그들은 나와 함께 머물고 있다.
　　They ＿＿＿＿＿＿ with me. (stay)

20) 우리는 어젯밤에 파티를 즐겼다.
　　We ＿＿＿＿＿ the party last night. (enjoy)

21) 그 파티는 한밤중에 끝났다.
　　The party ＿＿＿＿＿＿ at midnight. (finish)

22) 그녀는 어제 치마를 입고 있었다.
　　She ＿＿＿＿＿＿ a skirt yesterday. (wear)

23) 나는 어젯밤 10시 30분에 일하고 있었다.
　　I ＿＿＿＿＿＿ at 10:30 last night. (work)

24) 나는 여권을 잃어버렸다.
　　I ＿＿＿＿＿ my passport. (lose)

25) 그녀는 목욕을 하였다.
　　She ＿＿＿＿＿ a bath. (have)

 해 답

1.
현재 시제

	기본 시제	She stays at a very nice hotel.
	진행 시제	She is staying at a very nice hotel.
	완료 시제	She has stayed at a very nice hotel.
	완료 진행 시제	She has been staying at a very nice hotel.

과거 시제

●	기본 시제	She stayed at a very nice hotel.
⋘	진행 시제	She was staying at a very nice hotel.
←	완료 시제	She had stayed at a very nice hotel.
←⋘	완료 진행 시제	She had been staying at a very nice hotel.

미래 시제

●	기본 시제	She will stay at a very nice hotel.
⋘	진행 시제	She will be staying at a very nice hotel.
←	완료 시제	She will have stayed at a very nice hotel.
←⋘	완료 진행 시제	She will have been staying at a very nice hotel.

2.

1) I am visiting her now.
2) I visited her yesterday.
3) I was visiting her then.
4) I had visited her.
5) I will visit her tomorrow.
6) She is playing the piano now.
7) She was playing the piano then.
8) She played the piano yesterday.
9) She had been playing the piano.
10) She will play the piano.
11) She will be playing the piano.
12) I will buy a cow.
13) I have bought a cow.
14) I bought a cow yesterday.
15) She likes music.
16) Flowers are beautiful.
17) Everybody needs friends.
18) He is reading the newspaper.
19) They are staying with me.
20) We enjoyed the party last night.
21) The party has finished at midnight.
22) She was wearing a skirt yesterday.
23) I was working at 10:30 last night.
24) I have lost my passport.
25) She has had a bath.

14 부정문(Negative Sentence)

글월(문장)은 긍정적으로 말하는 긍정문과 부정적으로 말하는 부정문이 있는데 부정문은 다음과 같이 만들지.

1. be 동사의 부정

be 동사는 be 동사 바로 다음에 not을 써서 부정문을 만들어.

I am busy today.
나는 오늘 바쁘다.

I am not busy today.
나는 오늘 바쁘지 않다.

You are a farmer.
당신은 농부다.

You are not a farmer.
당신은 농부가 아니다.

She is idle.
그녀는 게으르다.

She is not idle.   She is never idle.
그녀는 게으르지 않다.   그녀는 결코 게으르지 않다.

> 해설 not 대신 never를 쓰면 부정의 의미가 더욱 강해져.

There is a park near his house.
그의 집 근처에 공원이 있다.

There is not a park near his house.
그의 집 근처에 공원이 없다.

There were monkeys on the tree.　　There were not monkeys on the tree.
나무 위에 원숭이들이 있었다.　　　　나무 위에 원숭이들이 없었다.

2. have 동사의 부정

have 동사는 소유의 뜻일 때 영국 영어에서는 have 동사 바로 다음에 not을 써서 부정문을 만들고, 미국 영어에서는 do(does/did) not을 have 동사 바로 앞에 써서 부정문을 만들지.

그런데 have 동사가 소유 이외의 뜻일 때는 do(does/did) not을 have 동사 바로 앞에 써서 부정문을 만들어.

1) have가 소유의 뜻일 때

You have a passport.
당신은 여권을 가지고 있다.
You do not have a passport.　　You have not a passport.
당신은 여권을 가지고 있지 않다.

He has a very special skill.
그는 매우 특별한 기술을 가지고 있다.
He does not have a very special skill.　　He has not a very special skill.
그는 매우 특별한 기술을 가지고 있지 않다.

They had long tails then.
그것들은 그 당시 긴 꼬리가 있었다.
They did not have long tails then.　　They had not long tails then.
그것들은 그 당시 긴 꼬리가 없었다.

2) have가 소유 이외의 뜻일 때

I had breakfast this morning.　　I did not have breakfast this morning.
나는 오늘 아침 조반을 먹었다.　　　나는 오늘 아침 조반을 먹지 않았다.

We had a party last Sunday.
우리는 지난 일요일에 파티를 열었다.
We did not have a party last Sunday.
우리는 지난 일요일에 파티를 열지 않았다.

I had a e-mail this morning. I did not have a e-mail this morning.
나는 오늘 아침에 이메일을 받았다. 나는 오늘 아침에 이메일을 받지 못했다.

3. 일반 동사의 부정

주어의 인칭, 수 및 동사의 시제에 따라 do not, does not, did not을 그 동사 바로 앞에 써서 부정문을 만들어.

 be, have 동사를 제외한 나머지 동사를 일반 동사라고 해.

1) 주어가 3인칭 단수이고(he, she, it, this, Mary…) 시제가 현재일 때는 does not 동사원형을 써서 부정문을 만들어.

She plays the violin well. She does not play the violin well.
그녀는 바이올린을 잘 연주한다. 그녀는 바이올린을 잘 연주하지 못한다.

Julia sings well. Julia does not sing well.
줄리아는 노래를 잘 부른다. 줄리아는 노래를 잘 부르지 못한다.

2) 주어가 3인칭 단수가 아니고(I, we, you, they…) 시제가 현재일 때는 do not 동사원형을 써서 부정문을 만들어.

I get up at six. I do not get up at six.
나는 6시에 일어난다. 나는 6시에 일어나지 않는다.

We like snow. We do not like snow.
우리는 눈을 좋아한다. 우리는 눈을 좋아하지 않는다.

Tony and Kathleen swim well. Tony and Kathleen do not swim well.
토니와 캐슬린은 수영을 잘한다. 토니와 캐슬린은 수영을 잘하지 못한다.

3) 시제가 과거일 때는 주어의 인칭과 수에 관계없이 did not 동사원형을 써서 부정문을 만들어.

We stayed home yesterday. We did not stay home yesterday.
우리는 어제 집에 있었다. 우리는 어제 집에 없었다.

She missed her hometown. She did not miss her hometown.
그녀는 고향을 그리워하였다. 그녀는 고향을 그리워하지 않았다.

They looked happy. They did not look happy.
그들은 행복해보였다. 그들은 행복해보이지 않았다.

4) 조동사가 있을 때는 조동사 바로 다음에 not을 써서 부정문을 만들어.(will not, shall not, can not, may not, must not, need not…)

She will go there again. She will not go there again.
그녀는 다시 그곳에 갈 것이다. 그녀는 다시 그곳에 가지 않을 것이다.

They can help us. They can not help us.
그들은 우리를 도와줄 수 있다. 그들은 우리를 도와줄 수 없다.

He is making a table. He is not making a table.
그는 탁자를 만들고 있다. 그는 탁자를 만들고 있지 않다.

4. 명령문의 부정

1) 직접 명령: 직접 명령의 부정은 동사 앞에 do not을 써서 만드는데 일상 회화에서는 주로 축약형 don't를 써.

Open your book. Don't/Do not open your book.
책을 펴시오. 책을 펴지 마시오.

Be quick.　　　　　　　　　Don't be quick.
서두르라.　　　　　　　　　서두르지 마라.

 be 동사로 시작하는 명령문의 경우에도 don't를 써서 부정 명령문을 만들어.

Do so again.
다시 그렇게 해라.
Don't do so again.　　　　　Never do so again.
다시는 그렇게 하지 마라.　　　결코 다시는 그렇게 하지 마라.

 강한 금지의 뜻을 나타낼 때는 never를 써.

2) 간접 명령: 간접 명령의 부정은 목적보어 앞에 not을 써서 만드는데 일상 회화에서는 주로 let 앞에 don't를 써.

Let him do the work.
그가 그 일을 하도록 하시오.
Let him not do the work.　　Don't let him do the work.
그가 그 일을 하지 못하도록 하시오.

Let's read this book.
이 책을 읽읍시다.
Let's not read this book.　　Don't let's read this book.
이 책을 읽지 맙시다.

Let her go alone.
그녀 혼자 가도록 하시오.
Let her not go alone.　　Don't let her go alone.
그녀 혼자 가지 않도록 하시오.

5. not을 사용하지 않은 부정문

nobody(아무도…않다), none(아무도…않다), nothing(아무것도…않다), no(조금도…아닌), never(결코…않다), neither(어느 쪽도…아닌), nowhere(아무데서도…않다)와 같은 부정을 나타내는 말이 들어 있는 부정문이 있어.

또 few(거의 없는), little(거의 없는), seldom(좀처럼…않다), hardly(거의…않다), scarcely(거의…않다)와 같은 약한 부정을 나타내는 말이 들어 있는 부정문도 있어.

Nobody knows it.
아무도 그것을 모른다.

It's no joke.
그것은 농담이 아니다.

Linda said nothing.
린다는 아무 말도 하지 않았다.

Never tell a lie.
절대로 거짓말을 하지 마라.

He went nowhere yesterday.
그는 어제 아무데도 가지 않았다.

There were few passengers in the bus.
그 버스에는 승객이 거의 없었다.

She seldom goes to church.
그녀는 교회에 거의 가지 않는다.

He will hardly come now.
아마 그는 이제 오지 않을 것 같다.

> **참고**
>
> **부정어 not의 축약형(줄임형)**
>
> | am not ➡ ain't(드묾) | is not ➡ isn't | are not ➡ aren't |
> |---|---|---|
> | was not ➡ wasn't | were not ➡ weren't | have not ➡ haven't |
> | has not ➡ hasn't | had not ➡ hadn't | do not ➡ don't |
> | does not ➡ doesn't | did not ➡ didn't | can not ➡ can't |
> | will not ➡ won't | shall not ➡ shan't(드묾) | need not ➡ needn't |
> | must not ➡ mustn't | might not ➡ mightn't | should not ➡ shouldn't |
> | would not ➡ wouldn't | could not ➡ couldn't | may not ➡ mayn't(영, 드묾) |
> | dare not ➡ daren't | ought not to ➡ oughtn't to | |
> | used not to ➡ usedn't to/didn't use to | | |

연습문제

1. 다음 문장들을 부정문으로 만들어 봅시다.

   1) You will get them easily.
      당신은 쉽게 그것들을 얻을 것이다.

   2) She stayed there with him.
      그녀는 그와 함께 그곳에 있었다.

   3) Many people like him.
      많은 사람들이 그를 좋아한다.

   4) They heard the news.
      그들은 그 소식을 들었다.

   5) You came here yesterday.
      당신은 어제 이곳에 왔다.

   6) He saw the big sign.
      그는 큰 표지판을 보았다.

   7) We visited the park.
      우리는 공원을 방문했다.

   8) It is very dangerous.
      그것은 매우 위험하다.

   9) She was spending a vacation there.
      그녀는 그곳에서 휴가를 보내고 있었다.

   10) She was born in Florence.
       그녀는 플로렌스에서 태어났다.

   11) Her mother was a charming women.
       그녀의 어머니는 매력적인 부인이었다.

   12) I respect him.
       나는 그를 존경한다.

   13) He will change his mind.
       그는 마음을 바꿀 것이다.

   14) This is a nice place.
       이곳은 멋진 곳이다.

   15) You can break them.
       당신은 그것들을 부술 수 있다.

   16) They helped their father.
       그들은 그들의 아버지를 도와드렸다.

   17) He has a little daughter.
       그는 어린 딸이 있다.

18) There is a way.
   방법이 있다.

19) I will go to Rome.
   나는 로마에 갈 것이다.

20) It was very cold.
   매우 추웠다.

21) She gave him food.
   그녀는 그에게 음식을 주었다.

22) Henry likes the dog.
   헨리는 그 개를 좋아한다.

23) You will be happy.
   당신은 행복할 것이다.

24) His wife was sitting at the table.
   그의 부인은 식탁에 앉아 있었다.

25) We live in a pretty house.
   우리는 예쁜 집에 살고 있다.

26) I have lost my watch.
   나는 시계를 잃어버렸다.

27) Our dog has come back.
   우리 개가 돌아왔다.

28) He became a good barber.
   그는 훌륭한 이발사가 되었다.

29) I ran away from him.
   나는 그에게서 달아났다.

30) A rabbit was running fast.
   토끼 한 마리가 빨리 달리고 있었다.

31) You can become a musician.
   당신은 음악가가 될 수 있다.

32) You have a fine voice.
   당신은 아름다운 목소리를 지니고 있다.

33) I had the same idea.
   나는 똑같은 생각을 하였다.

34) It was in the water.
   그것은 물속에 있었다.

35) She has a interesting book.
   그녀는 재미있는 책을 한 권 가지고 있다.

36) Wash your face in the pool.
   웅덩이에 얼굴을 씻으시오.

37) You had a bath last night.
당신은 어젯밤에 목욕을 하였다.

38) Give him lunch now.
지금 그에게 점심을 주시오.

39) Let's go to the forest.
숲으로 갑시다.

40) Let her go there.
그녀를 그곳에 가게 하시오.

해 답

1) You will not get them easily.
2) She did not stay there with him.
3) Many people do not like him.
4) They did not hear the news.
5) You did not come here yesterday.
6) He did not see the big sign.
7) We did not visit the park.
8) It is not very dangerous.
9) She was not spending a vacation there.
10) She was not born in Florence.
11) Her mother was not a charming women.
12) I do not respect him.
13) He will not change his mind.
14) This is not a nice place.
15) You can not break them.
16) They did not help their father.
17) He has not a little daughter.
18) There is not a way.
19) I will not go to Rome.
20) It was not very cold.
21) She did not give him food.
22) Dick does not like the dog.
23) You will not be happy. You will never be happy.
24) His wife was not sitting at the table.
25) We do not live in a pretty house.
26) I have not lost my watch.
27) Our dog has not come back.
28) He did not become a good barber.
29) I did not run away from him.
30) A rabbit was not running fast.
31) You can not become a musician.
32) You have not a fine voice.
33) I did not have the same idea.
34) It was not in the water.
35) She has not a interesting book.
36) Don't wash your face in the pool.
37) You did not have a bath last night.
38) Don't give him lunch now.
39) Let's not go to the forest. / Don't let's go to the forest.
40) Let her not go there. / Don't let her go there.

15 문장의 종류

1. 평서문

어떤 사실을 서술하는 문장으로 일반적으로 주어가 동사 앞에 오고, 문장 끝에는 온점(.)을 찍어.
평서문에는 긍정적으로 말하는 긍정문과 부정적으로 말하는 부정문이 있어.

This tree is tall.
이 나무는 크다.

She enjoyed the concert.
그녀는 연주회를 즐겼다.

She is never sad.
그녀는 결코 슬프지 않다.

She did not make a cake.
그녀는 케이크를 만들지 않았다.

She never spoke to him again from that day on.
그녀는 그날 이후로 다시는 그에게 결코 말을 하지 않았다.

He will arrive early.
그는 일찍 도착할 것이다.

He told her something.
그가 그녀에게 뭔가를 말해 주었다.

Martin won't go to America.
마틴은 미국에 가지 않을 것이다.

2. 의문문

'질문'이나 '의문' 등의 묻는 내용의 문장으로 보통 동사가 주어 앞에 오고, 문장 끝에는 물음표(?)를 찍어. 평서문 어순이라도 물음표가 있으면 의문문이야. 우리말에서는 어미가 '~까? ~냐?'로 끝나.

의문문에도 긍정 의문문과 부정 의문문이 있어.

의문사의 종류

의문대명사	who (누구) which (어떤 것) what (무엇)	
의문형용사	whose (누구의) which (어떤) what (무슨)	※ 의문형용사는 관사 없는 수식받는 명사와 함께 옴.
의문부사	when (언제) where (어디서) why (왜) how (어떻게)	

의문문 어순

의문사가 없는 의문문	의문사가 있는 의문문
① 조동사 · 주어 · 본동사 … ? ② Be/Have · 주어 … ? ③ Be · there · 주어 … ?	① 의문사 · 조동사 · 주어 · 본동사 … ? ② 의문사 · be/have · 주어 … ? ③ 의문사 · 동사 … ?

(1) 의문사가 없는 의문문(yes, no로 대답할 수 있는 의문문)
 ① 조동사 · 주어 · 본동사 … ?

Will she call you again? (She will call you again.)
그녀가 당신에게 다시 전화할까요?
— Yes, she will.
예, 그녀는 다시 전화할 것입니다.
— No, she will not.
아니오, 그녀는 다시 전화하지 않을 것입니다.

Does Mrs. Jones like tennis? (Mrs. Jones likes tennis.)
존스 부인은 테니스를 좋아하십니까?
— Yes, she does. (She likes it very much.)
예, 그녀는 테니스를 좋아합니다. (그녀는 그것을 매우 좋아합니다.)
— No, she doesn't. (She likes basketball.)
아니오, 그녀는 테니스를 좋아하지 않습니다. (그녀는 농구를 좋아합니다.)

> **참고**
>
> Mr. Mrs. Miss Ms 등은 사람의 성과 성명 앞에 붙여 그 사람을 높여 주는 존칭어야. 이 존칭어는 "Mr./Mrs./Miss/Ms+성," "Mr./Mrs./Miss/Ms+이름+성"과 같이 성 앞이나 성명 앞에는 쓸 수 있으나 성 없이 이름 앞에는 쓸 수 없어.
>
> 사람의 성과 이름은 항상 첫 글자를 대문자로 써. 영어에서는 성명을 나타낼 때 이름+성의 순서로 쓰거나 말하지. 하지만 우리의 성명을 영어로 나타낼 때는 고유명사이므로 Hong Gil-dong(홍길동)처럼 우리 식으로 나타내는 것이 자연스럽고 좋아.
>
> Mr. Brown(브라운 씨)   Mrs. Smith(스미쓰 여사)   Miss Wilson(윌슨 양)
> Mr. James Thomson(제임스 톰슨 씨)   Mrs. Jane Brown(제인 브라운 부인)
> Miss Susan White(수잔 화이트 양)

Mr. Brown	Mrs. Smith	Miss Wilson
칭호 성	칭호 성	칭호 성
Mr. James Thomson	Mrs. Jane Brown	Miss Susan White
칭호 이름 성	칭호 이름 성	칭호 이름 성

> Mr.(씨, 님, 군, 선생)는 Mister의 약자로서 결혼한 남자, 결혼하지 않은 남자 모두에게 붙일 수 있으나, Mrs.(부인, 여사)는 Mistress의 약자로서 결혼한 여자에게만 쓸 수 있고, Miss(양)는 결혼하지 않은 여자에게만 쓸 수 있어. Ms는 Miss와 Mrs.의 차별을 없애기 위해 결혼한 여자나 결혼하지 않은 여자 모두에게 붙여 쓰는 존칭어야.
>
> 서양에서는 여자가 결혼을 하면 자기 성을 버리고 남편의 성을 따라.

Did Bill travel to South Africa? (Bill traveled to South Africa.)
빌은 남아프리카로 여행을 갔습니까?

— Yes, he did.
　예, 그는 남아프리카로 여행을 갔습니다.
— No, he didn't.
　아니오, 그는 남아프리카로 여행을 가지 않았습니다.

Are they playing soccer? (They are playing soccer.)
그들은 축구를 하고 있느냐?

— Yes, they are. (They are playing soccer.)
　예, 그들은 축구를 하고 있습니다.
— No, they aren't. (They are playing volleyball.)
　아니오, 그들은 축구를 하고 있지 않습니다. (그들은 배구를 하고 있습니다.)

Don't you like oranges?/Do you not like oranges? (You don't like oranges.)
(당신은) 오렌지를 좋아하지 않습니까?

— Yes, I do.
　아니오, 오렌지를 좋아합니다.
— No, I don't.
　예, 오렌지를 좋아하지 않습니다.

> **해설** 우리말의 '예, 아니오'와 영어의 'yes, no'는 항상 일치하지는 않아. 긍정 의문문에 대한 대답에서는 우리말의 '예, 아니오'와 영어의 'yes, no'가 일치하지만, 부정 의문문에서는 일치하지 않지.
> 　우리말은 상대방이 묻는 내용이 사실과 같으면 '예', 사실과 다르면 '아니오'라고 대답하지만, 영어는 상대방이 묻는 내용이 사실과 같은지 다른지는 상관없이 자기의 대답이 긍정이면 'yes', 부정이면 'no'로 대답해. 따라서 부정 의문문의 대답에서 'yes'는 '아니오'로 'no'는 '예'로 번역해야 돼.
> 　또한 일상 회화에서 부정 의문문에 대한 대답을 할 때도 각별히 주의를 해서 'yes, no'를 써야 낭패를 보는 일이 없어.

② Be/Have · 주어 … ?

Is Mrs. Green is a novelist? (Mrs. Green is a novelist.)
그린 부인은 소설가입니까?
— Yes, she is.
　예, 그렇습니다.
— No, she isn't. She is a painter.
　아니오, 그렇지 않습니다. 그녀는 화가입니다.

Has she a bag?/Does she have a bag? (She has a bag.)
그녀는 가방을 가지고 있습니까?
— Yes, she has. (Yes, she does.)
　예, 그녀는 가방을 가지고 있습니다.
— No, she hasn't. (No, she doesn't.)
　아니오, 그녀는 가방을 가지고 있지 않습니다.

Isn't this a good book?/Is this not a good book?
(This is not a good book.)
이것은 좋은 책이 아닙니까?
— Yes, it is.
　아니오, 그것은 좋은 책입니다.
— No, it isn't.
　예, 그것은 좋은 책이 아닙니다.

> **해설** 부정 의문문은 주로 일상 회화에서 쓰이는 말이야. 일상 회화에서는 'Is this not~?'을 'Isn't this~?'로, 'Have you not~'을 'Haven't you~' 등으로 간략하게 줄여서 말하는 것이 일반적이야.

Haven't you a passport?/Have you not a passport?
(You have not a passport.)
여권을 가지고 있지 않습니까?

─ Yes, I have.
  아니오, 여권을 가지고 있습니다.
─ No, I haven't.
  예, 여권을 가지고 있지 않습니다.

③ Be · there · 주어 … ?

Is there a swimming pool there? (There is a swimming pool there.)
그곳에 수영장이 있습니까?
─ Yes, there is.
  예, 있습니다.
─ No, there isn't.
  아니오, 없습니다.

Isn't there any shortcut? / Is there not any shortcut?
(There is not any shortcut.)
지름길이 없습니까?
─ Yes, there is.
  아니오, 있습니다.
─ No, there isn't.
  예, 없습니다.

Were there many people at the meeting?
(There were many people at the meeting.)
그 모임에 사람들이 많이 있었습니까?
─ Yes, there were.
  예, 많이 있었습니다.
─ No, there were very few.
  아니오, 별로 없었습니다.

(2) 의문사가 있는 의문문(Yes, No로 대답할 수 없는 의문문)

① 의문사 · 조동사 · 주어 · 본동사 … ?

What did you do yesterday?
(너는) 어제 무엇을 하였느냐?
― I played basketball with my friends.
　(나는) 친구들과 농구를 하였다.

Which fruit do you like the most then?
그럼 어떤 과일을 제일 좋아해?
― I like persimmon very much.
　감을 아주 몹시 좋아해.

When will you leave for London?
(당신은) 언제 런던으로 떠나실 것입니까?
― I'm leaving tomorrow.
　내일 떠납니다.
― I'll leave on Friday.
　금요일에 떠날 것입니다.

② 의문사 · be/have · 주어 … ?

What color is it?
그것은 무슨 색깔이냐?
― It's green.
　초록색이다.

How tall is she?
그녀는 키가 얼마나 크냐?
― She's five feet tall.
　그녀는 5피트다.

Whose violin is this?
이것은 누구의 바이올린입니까?
― It's hers.
　그녀의 것입니다.

How many books have you? (How many books do you have?)
(당신은) 얼마나 많은 책을 가지고 있습니까?
— I have plenty of books.
(나는) 많은 책을 가지고 있습니다.

③ 의문사 · 동사 … ?

Who is singing?
누가 노래 부르고 있느냐?
— Susan is singing.
수잔이 노래 부르고 있다.

What's wrong?
무슨 일이냐?
— There is something in my eye.
내 눈에 무언가 들어갔다.

How much water is there?
물이 얼마나 있느냐?
— There is a little water.
조금 있다.

3. 명령문

명령, 금지, 요구, 의뢰, 충고 등을 나타내는 문장으로 주어 you를 생략하고 동사의 원형을 써.

문장의 끝에는 온점(.)을 찍는 것이 보통이지만, 특히 뜻을 강조할 때는 느낌표(!)를 찍기도 하지.

우리말에서는 어미에 대개 '~라'나 '~오'를 붙여.

명령문에는 직접 명령과 간접 명령이 있어.

1) 직접 명령

상대방(2인칭)에게 직접 내리는 명령으로 주어 you를 생략하고(강조할 때는 씀), 언제나 동사의 원형을 사용해.

Be careful. Be thankful for our kindness.
조심하시오. 우리의 친절에 감사해라.

> 해설 주어가 you일 때 be 동사는 동사의 원형과 현재형이 구별이 되지만 그 밖의 동사는 동사의 원형과 현재형이 구별이 안 돼.

Lock the door. Give me your honest opinion.
문을 잠그시오. 당신의 솔직한 의견을 말해 봐요.

Get up, Jack. (Jack, get up.)
일어나, 잭. (잭, 일어나.)

> 해설 여럿 가운데서 명령의 대상을 특정인에게 한하거나 또는 단순히 주의를 환기시키거나, 친근감을 불러일으킬 때 명령문의 앞이나 뒤에 특정 사람의 이름을 덧붙이지.

You stand up!
너 일어서!

> 해설 주어를 강조할 때는 you를 써.

Please help me. (Help me, please.)
제발 저를 도와주십시오.

> 해설 명령문의 앞이나 뒤에 please를 붙이면 '제발(미안하지만)~해주십시오.'라는 뜻이 되어 정중하고 예의바른 명령, 즉 부탁이나 의뢰를 나타내는 말이 돼. please가 문장 끝에 올 때는 그 앞에 보통 콤마(comma)를 찍어.

Don't swim here. Never swim here.
이곳에서 수영하지 마시오. 이곳에서 절대 수영하지 마시오.

> 해설 '~하지 마시오.'라는 금지의 뜻을 나타낼 때는 명령문 앞에 don't를 쓰는데, 강한 금지의 뜻을 나타낼 때는 never를 써.

2) 간접 명령

'Let·목적어·동사원형~'의 형태로 2인칭(you)을 통해 1인칭이나 3인칭에 내리는 명령으로 let 동사를 사용해. let 다음의 목적어가 1인칭이면 1인칭에 내리는 명령이고, 3인칭이면 3인칭에 내리는 명령이야.

Let's start now.
지금 출발합시다.

Let me talk to her.
제가 그녀에게 말하겠습니다.

Let us read this book.
이 책을 읽읍시다.

Let them stay at my house.
그들을 내 집에 머물도록 하시오.

Let him not come in.   Don't let him come in.
그를 안으로 들어오게 하지 마시오.

> **해설** 간접 명령의 부정은 let·목적어 다음에, 즉 목적보어 앞에 not을 써. 그런데 일상 회화에서는 주로 don't를 let 앞에 쓴 부정 명령을 사용해.

Let's not be late.   Don't let's be late.
늦지 맙시다.

Don't let me play the game again.
다시는 게임을 하지 않겠습니다.

4. 감탄문

기쁨, 놀라움, 슬픔 등의 강한 느낌이나 감동을 나타내는 문장이야. 평서문에서 의미를 강조하는 말인 very, really 등을 what이나 how로 바꾸어 만들고 문장 끝에는 느낌표(!)를 찍어.

what으로 시작하는 감탄문은 what의 수식을 받는 명사를 강조해서 읽고, how로 시작하는 감탄문은 how의 수식을 받는 형용사나 부사를 강조해서 읽고 문장 끝은 내려 읽어.

우리말에서는 대체로 '정말/참으로 ~하구나!' 또는 '어찌나/얼마나 ~한지/한가!'야.

📝 감탄문의 어순

> 1. What · 수식받는 명사 · 주어 · 동사 … !
> 2. How · 수식받는 형용사나 부사 · 주어 · 동사 … !
> 3. 감탄사! 주어 · 동사 … .

> 참고) what은 감탄형용사이므로 수식받는 명사를 달고 오며, how는 감탄부사로 수식받는 형용사나 부사를 달고 오지.

1) What · 수식받는 명사 · 주어 · 동사 … !

What a brave girl she is! (She is a very brave girl.)
그녀는 얼마나 용감한 소녀인가!

What nice weather it was! (It was very nice weather.)
얼마나 좋은 날씨였는지!

What good ideas he has! (He has very good ideas.)
그는 참 좋은 아이디어를 가지고 있구나!

2) How · 수식받는 형용사나 부사 · 주어 · 동사 … !

How nice it is! (It is very nice.)
그것은 참으로 멋있구나!

How kind she is! (She is very kind.)
그녀는 참으로 친절하구나!

How happy we were there! (We were very happy there.)
우리는 그곳에서 얼마나 행복했었던가!

3) 감탄사! 주어·동사 ….

Hurrah! There is no work today!
야아! 오늘은 일이 없구나!

"Hurray!" he shouted in an exited voice.
"만세!"하고 그는 흥분된 목소리로 외쳤다.

상대방이 알 수 있는 경우 감탄문에서 주어·동사가 생략되는 경우가 종종 있어.
What a beautiful horse (it is)!   정말 아름다운 말이군!
How wonderful (it is)!   참으로 멋지구나!

5. 기원문

소망이나 기원을 나타내는 문인데, 문장 끝에는 감탄문처럼 느낌표(!)가 있으나 감탄문과는 달리 기원의 뜻이 분명하게 들어 있고, 동사의 시제가 다르며 동사 및 부사의 어순이 달라.

문 앞에 기원을 나타내는 조동사 may(~이기를 빈다, ~하옵소서)를 두고 평서문처럼 쓰거나, 아니면 부사나 부사구를 문 앞에 내세워서 주어와 동사의 위치를 바꾸어 쓰는데 언제나 동사의 원형을 써.

May you have a good holiday!
즐거운 휴일 보내시길!

May you succeed!
성공하기를!

Long live the king!
왕이여 만수무강하소서!